大夏书系·教育新思考

幻想之眼

一个教育者的内在冲突
（修订版）

张文质 著

华东师范大学出版社
全国百佳图书出版单位

图书在版编目（CIP）数据

幻想之眼：一个教育者的内在冲突 / 张文质著 . —修订本 . —上海：华东
师范大学出版社，2016.3
ISBN 978-7-5675-4894-7

Ⅰ.①幻 ... Ⅱ.①张 ... Ⅲ.①教育—文集 Ⅳ.① G4-53

中国版本图书馆 CIP 数据核字（2016）第 050867 号

大夏书系·教育新思考

幻想之眼：一个教育者的内在冲突（修订版）

著　　者　　张文质
策划编辑　　李永梅
审读编辑　　张思扬
封面设计　　奇文云海·设计顾问

出版发行　　华东师范大学出版社
社　　址　　上海市中山北路 3663 号　邮编　200062
网　　址　　www.ecnupress.com.cn
电　　话　　021 - 60821666　行政传真　021 - 62572105
客服电话　　021 - 62865537
邮购电话　　021 - 62869887　地址　上海市中山北路 3663 号华东师范大学校内先锋路口
网　　店　　http：//hdsdcbs.tmall.com

印刷者　　北京密兴印刷有限公司
开　　本　　700×1000　16 开
插　　页　　1
印　　张　　16
字　　数　　237 千字
版　　次　　2016 年 8 月第二版
印　　次　　2016 年 8 月第一次
印　　数　　6 100
书　　号　　ISBN 978 - 7 - 5675 - 4894 - 7/G·9224
定　　价　　39.80 元

出版人　　王 焰
（如发现本版图书有印订质量问题，请寄回本社市场部调换或电话 021-62865537 联系）

序

转眼间《幻想之眼》出版已有十年之久。说实在的，以"幻想之眼"命名一本教育随笔颇不合常例，好在出版社诸君还是在各种困难中接纳了这本书。我的教育写作，更确切地说应该称之为"教育文学"写作，既率性又有各种"诗意"的婉转曲折，这可能会增加阅读上的难度。我原是对这本书的销售有些担心的，后来知道该书也有多次的加印，才有所释怀。大概出版社的影响力与这本书版式装帧的别致，也增加了它的吸引力。

这次利用修订之机，我将《幻想之眼》与之前出版的《教育的十字路口》两书内容作了归类调整和适当补充，似乎有点教育的归教育，文学的归文学的意思，我希望这样的处理能得到读者的理解。

在任何时代总有以写作为自己乐事的人，他如果能因为书的出版而有更多分享心得的朋友，这样的情形肯定是很美妙的。

目　录

途中狗友及其他

每天一个转念

旅行者本身就是旅行

片面之辞

像一页遗忘之书

幻想之眼

途中狗友及其他

途中狗友及其他（52则）[①]

途中狗友 1

这是切斯拉夫·米沃什1998年出版的随笔集的书名。2003年5月16日中午上"世纪中国"网时，我读到了戴骢的部分译作。我一直喜欢米沃什，他的随笔，他晚年散文化的诗作，我几乎喜欢所有能读到的他的作品。家中曾有一本他的《被拆散的笔记簿》，被老同学宋琳"借"到了新加坡，后又带到了阿根廷。那次宋琳借的书挺多，后来出去前，大部分都还了，唯有蓝封皮的《被拆散的笔记簿》继续"借"。今年春节，我们又见面了，彼此都未说起"米沃什"，老同学说话留一点余地。其实我挺记"仇"的，谁"借"我的书，都记得，只是往往只能记得而已。比如一位赵姓的朋友，20年前"借"走了一本索尔·贝娄的《洪堡的礼物》，20年后我们见面，我一下子就叫出他的名字，他很惊奇，他不知道"此恨绵绵无绝期"。

今天一看到《途中狗友》我就把它打印下来，准备慢慢地享用，只可惜打印时不知什么出了问题，每行最后都少了三个字，让我的阅读变得心痛而又费神。

但《途中狗友》还是带给我好消息。下午我早早冒雨走到办公室，虽然淋得半湿，但坐在书桌前的心绪很平静。

我从中看到某种我喜爱的主题与文笔。我又开始耕作了。

[①] 华东师范大学出版社2004年10月出版的《教育的十字路口》曾收录过《途中狗友及其他（70则）》，本文在"70则"的基础上删减了其中29则，又从他处另选了11则。

途中狗友 2

切斯拉夫·米沃什的《途中狗友》是一本随心所欲的札记。近来我渐渐地发现，由于才能的局限我大概最适合做这样的文章，同时我也鼓励我的朋友们也不妨做些这样的工作。我以为札记最重要的是从容和对自我与世界的省视。米沃什的《途中狗友》，由村庄谈到了狗，乡村生活着一代又一代的人，同时就有参与人们生活的一代又一代的狗。说实在的，我常会想到一只又一只狗，而从未想到"一代又一代狗"。米沃什说，有一回，不知在何时何地，十有八九是在拂晓前的某一刻，他脑际忽然产生了一个可笑而又可亲的称呼："途中狗友"，在生命旅途上我们的狗朋友。与之相类似的，我们也有一个成语：狐朋狗友，不过这个成语从来不是称呼狐与狗的，它指代的是人，而且毫无褒意，也充满了对狐与狗的大不敬。

说得更远一点，我们对狗大概只有利用与奴役，大量污蔑狗格的词语恰恰是我们文化的一大缺憾。

死前的喊叫

每天上班必经的路上，一排芒果树突然在开花时节枯萎了。天天上下班四次看着它越来越显出一种死相。今天看见十几棵树的叶子落得一地，我相信所有的人都看到了。

杜　撰

无论"萨斯"、"沙斯"，还是不伦不类的"非典"，都已成为一个具有"历史意义"和"时代特征"的名词。

4月时，写了一篇散记，是写一位朋友的。由于不想用他的真名，就随手用了一个可笑的"沙尔斯"，熟悉的朋友一看都知道写的是谁，"沙尔斯"自己也读了，然后，他很认真地注视我一眼："不错，是这样的。"表情里有一种奇怪的"自足"。

虚　荣

上网看到了一位著名教育学者为教师开的一百本必读书目。现在经常可以看到此类必读书单，大体都是不同领域著名学者语重心长的嘱咐，我们当然要感谢他们的热情（你不读你就要落后了）与坦诚（不管怎么拟，都是拟定者自身阅读与学术趣味的一种"坦露"），不过，也许因为我的虚荣心在作怪，我宁愿自己的阅读特别隐秘、个人化，与什么样的必读书单都无涉。

思　想　家

他教书极为认真，因此绝大多数时间都花在这件事上了。好几年没有写什么文章，几乎腾不出手，一门又一门的课，一茬又一茬的学生。也许从某种意义上看，学校的方式也可以说是正当的，然而，他开始老了，每次和他通电话，我都能够感觉到他内心的焦躁。但仍然是，几乎，无处安得下他的那张写字桌。

我特别注意到他的夜间生活

有记者采访诗人北岛，问他一天怎么生活，北岛说他早上写作，中午睡一会儿觉，下午到健身房读书学英语，晚上则是借几盘录像带看，权当休息。

正视自己的无能

我说的是思考、记忆、学习和创造的能力。我和所有人一样曾对自己抱有幻想。张爱玲说出名要早，要不然就不够刺激了。我常想三十岁以后出名也不错，我不是兰波，但如果能成为里尔克也还行。现在知道这样的幻想也是狂妄的，甚至还有点野蛮。三十五岁开始，我就知道自己是谁，虽然有时仍会惊讶地说："这个一直没有长高的矮个就是我吗？不可能吧！"

我的心胸无法变得开阔起来

我住在福州晋安区新店镇一条小巷上的"高校新村",巷子不长,先是要过一座铁桥,因为经常堵车,几经呼吁,现在铁桥边上又修了一座更宽一点的水泥桥。修桥时,大家都以为这下小巷肯定会拓宽,路也能修平整了,没想到桥修好了几年仍是座断头桥,在千呼万唤中巷子狭窄、破烂依旧,拓宽的桥面常常成为停车、堆放沙土和垃圾之所。每次下班回来,经过小巷心情就变得阴暗了许多,不是我过于敏感、情绪化,我们社会点滴的"进步",几乎都需要我们去熬时间,我们真成了龙应台笔下"不会生气的中国人"——其实我们只会为一些鸡毛蒜皮的事生气,事情越大越无法生气,因为你根本不知道跟谁生气,也找不到可以生气的人,有时你还不敢生气,生气也没用,最好还是"宁静以致远",活着就好,长寿就更好,因为你终于能够熬着等来变化。鲁迅先生绝望至极,他不相信进化论,我相信,我只能相信明天一定比今天好。

家住福州

几乎我所有的痛苦都是渺小的,微不足道的。一个平凡的人实际上也无法经历大痛苦,承接大觉悟。我们都是居家生活的人,我也读书,断断续续写一些自己爱写的东西,因为各种因素而对一小部分人有一些短暂的影响。渐渐地活到了中年,现在我最关心的是父母和家人的健康,以及女儿的每日生活。

感　恩

再也无法离开这个城市了。每日就在上下班的路上走来走去,不必赶着去做什么,走路变成了思维的散步,变成了对各种景致自在的观看,甚至变成了一种养生之道。我是走在路上的某一个人,我无法怀疑这一点,我每天都在很自然地衰老。

徒　步　者

不时有徒步者的事迹见诸报端。不论他们是为了何等的目的，长时间地在大地上行走，甚至贯穿整个辽阔的国土，其本身就是极大的壮举。我就是做梦也不敢对自己在这方面寄予什么期望，我只能偶尔在福州鼓楼区一带小巷里穿行，走得最远的一次，是和画家黄莱从福州洪山桥走到闽侯县南屿镇的南港大桥，走了一天。5月份，天开始热了，走了一个小时我便知道徒步并不是一件容易的事。闽侯上街、南屿这一片土地，草木茂盛，河道纵横，景致是不错的，虽然我从小就长在上街，但并未对这片乡土作过任何的了解。而黄莱则是永泰县人，他说从南屿往永泰去，依山傍水，山色水势都更美，我们计划第二次的徒步就以南港大桥为起点，一直走到永泰黄莱的家乡为止。后来，"第二次"一直未付诸实现，其间，黄莱结婚，然后，生孩子，黄耕园现在已经快两岁了，下一次我们会不会带上张格嫣予和黄耕园接着进行这样的徒步呢？

诚信危机

对诚信危机的担忧是最近的事，也理应引起疗治的注意了。但是我深知一切都是徒劳的，症结何在，也许很多人知道，却不便说出。有些事情不是靠讨论、呼吁，能够有什么效果的。对于这类问题的解决确实难以抱什么希望，最近发生的"萨斯"危机更让我对此深信不疑。

求　助

我总是想，像我这样天资愚钝的人，确实需要多读一些书。心理医生说疗治心理问题的原则是：自悟不如倾吐，倾吐不如向专业人士求助，而疗治天资愚钝的最好办法大概也莫过于向智者求助。他不会漠然拒绝我们，他就在那儿，在无边无际又转瞬即逝的时间长河中。有一个值得你长期追寻的思想家，是一件极为幸福的事情。也许，我这样的念头已显得陈腐，不过我不想往前赶，我明白我要过的是什么样的生活，也只可能过属于我一个人自己的生活。我试图作更多的思考，现在我已经理解了，我的身体有一种适合自己适于自嘲的笨重。

我生活在什么世纪

读 2002 年诺贝尔文学奖获得者凯尔泰斯谈话录时，知道美国历史学家卢卡克斯有一个建议，20 世纪始于 1914 年第一次世界大战爆发，止于 1989 年。不过就具体的种种生活际遇而言，我时常有一个奇怪的感觉，我不是生活在一个具体的、向前滚动的时间之流中，我生活在不同的时代，我需要有不同的思维，不同的适应方式，我是时间流变的变色龙，我不断地进入不同的世纪，我是"有××特色"国度上一个活着的人，我对自己非常理解。

"蚯蚓般地生存"

诗人林之也曾经尝试过离开家乡，另寻一条生路。可是，很快就落荒而返，后被某机关收编，进入杂志社，同时兼职为公务员撰稿，形势需要什么，就写什么，几年下来，渐渐活出一份滋润，成为当地有影响力的知识分子。业余仍写诗，不多的稿费，不足以购烟，但心境自在，情感也变得内敛起来。那次我出差路过，听领导赞许之：现在已被感化过来了。林之的朋友则在给我的信中形容他是"处心积虑地团结众人蚯蚓般地生存"，此乃知人之论。

宽阔的道路在哪里

圣约翰有言：
若要到达不曾拥有的快乐，/就得走一条令你不快的路。/若要到达尚不具备的有知，/就得走一条无知无识的路。/若要到达不曾拥有的富有，/就得走一条一无所有的路。/若要成为不同于现在的你的你，/就得走一条不是现在的你的路。

可是，时常，我不免还是要小心翼翼地询问：宽阔的道路到底在哪里？问题恰恰在于，这其实完全是属于个人的事，终究我只能带着疑虑继续上路。

最先扔掉谁

"非典"时期，先是听说某些动物可能是病源之一，然后就听说有些动物会传播"非典"，接着就知道很多城市大批"宠物"被抛弃，再接着就是有组织地灭狗以自保。有一天回家，弟弟告诉我，老家也要动手了，他对"威威"说，千万别外出，一出去就回不来了。看着"威威"温顺热烈的样子，心里不禁一阵发紧。看来，世界变了，我们一切都没变，灾难临头，总是首先要考虑最先应该扔掉谁！

疾　病

为什么我会相信当我能写出文字时，心里就踏实了许多？每次去书店都触目惊心，令人眩晕的无限的书籍，难道这些都是和我一样本质脆弱的人赖以自我疗救的成果？要承认写作是一件不健康的事，真不容易。

恐怖的意象

我生于饥馑，生于惊恐，在心底极易浮现出一幅幅受苦受难的图像，我之前的一代代人在内心也都有令自己恐惧的图像。只不过有很多人在求生求乐中已逐渐淡忘了这一切。小时候，我常有这样的念头，总以为一切都会过去，"过去了，就成为美好的回忆"，事实却完全不是这样的，所有痛苦的记忆都是滞留物，它可能始终会伴随着我们。

"我没有智慧，没有技能，没有信仰，但我得到了力量……"

这是米沃什写于1935年的《赞美诗》中的一句，大学毕业时我几乎狂妄地认定自己无论从事什么职业，但最重要的工作肯定是阅读和写诗。其实，这样的状态一直持续了十多年，我都是在诗歌和忧虑中度过自己的日子的。我怎么会想到自己会成为一名对教育耐心而细致的观察者呢？然而，一旦进入其中，我却因为生命，因为爱而得到了真正的力量，诗歌以另外一种方式透出自己美妙的光亮。

比如齐奥朗，米沃什，布罗茨基……

实际上，十多年来我最喜爱的都是前东欧和苏联的作家，虽然书是杂乱地读，但是我知道这些杰出人物于痛苦和绝望中分泌出来的汁与蜜最适合我。我畅饮着既致病又使我得以疗治的药，时常陷入恍惚。

很长时间，我回避着这些稿件

我仍喜欢在稿纸上一笔一画地写下一些文字，然后由一家熟悉的打字店把它打出来。不过很长时间我总是不愿意再回到这些文字上去。犹如有某种洁癖，我不想再接触有各种各样疾病的句子，甚至想起这些稿子都不胜烦忧，它们躺在那儿，还来不及死去，是贫乏的想象力和现实焦虑的产物。我只能做这样无益的事，有时又陷入人生失去意义的惶恐。像哈代所言，上帝磨损着我的身，却无法磨损我的心。

期待变化

有时我会坐在女儿的写字台前看书。我不知道她从窗口看出去会想到什么，反正我肯定只是看到一排杂乱无章的、自建的新村，不断升高更加不堪入目的房子，更远处是一座高架桥，然后就是北峰的山头。我突然吃惊地想到，更多的时候我就是一个呆头呆脑、没有梦想、没有激情的土著。

还要更简单的生活

我的朋友 S 说，每天能睡到自然醒过来就是一种幸福。我还记得 S 曾对我说过，他对睡眠有一种婴儿般的饥渴，每天最好能睡到 10 个小时以上。我真有点羡慕他，怎么说呢，我越来越对入睡感到恐惧了，躺在床上等待睡神的降临绝不是一件美妙的事。简单、直接、自然的生活是好的，难的是我常常远离了这样的状态。

朋友连连

连连已赴澳大利亚谋生了，我经常会想念他，他是我的朋友中最喜欢音乐的，我家里的很多碟片都是在他的指导下购买的。他的英语很好，为我编辑的杂志编译了不少国外教育的文章，就是从第一期开始我给他起了"连连"这样的笔名。连连正经的工作是某个省直机关单位秘书处的科员兼翻译。他第一次去欧洲时，我真的也有点兴奋，因为他的旅程中包括法国小城尼斯，而那里有我喜欢的画家夏加尔的博物馆，我希望着连连能给我带回一个夏加尔的复制品。后来连连回来了，不过没带回夏加尔，就连复制品也贵得不行。他拍的照片让我很激动，我看到了一个朋友眼中让人向往的世界。连连还告诉我，在德国一家酒店的墙上写着只给中国人看的汉字：请勿大声喧哗，请勿随地吐痰，请勿在房间里煮东西。这使我震惊，也很难过。就是从这第一次开始，连连心里渐渐有了其他的想法，并在一位外籍教师的帮助下努力付诸实施。我们前后交往了四年多，连连给我留下了诸多难忘的印象，特别是作为办公室的一个秘书，他的体验也令我刻骨铭心，比如他形容自己所做的工作是"给太监写情书"，而在机关里的角色则是"握住领导的手，感觉自己像条狗"。好在连连已经远离了这种生活，现在他住在悉尼的郊区，他说经常能在窗台上见到让人惊奇的野生动物。

读《固执己见——纳博科夫访谈录》小记

我当然不可能像纳博科夫那样幸运，他可以很舒坦地坐在旅馆的客厅里，很坚决，一而再地，不厌其烦地回答来访者：我对"那里"强烈地不信任，我对感动当今俄罗斯人的一切完全无所谓；我生来如此，一生本能地讨厌思想上的苟同；我从未属于任何政党，向来厌恶专政和警察国家，以及任何种类的压迫，这些东西专事思想控制，政府审查，种族或宗教迫害，还有其他种种。纳博科夫更让人羡慕的是："我从未在办公室或矿井干过活。"于是他还可以这样告诉我们："我讨厌的东西很简单：愚蠢、压迫、犯罪、残酷、软绵绵的音乐。"我抄录这些文字，并不仅仅为了表达对这位伟大的小说《洛丽塔》的作者的敬意，我更敬重的是纳博科夫的透彻、明智，对邪恶的批判不留任何余地。不过，话说回来，也许正因为他"身在其外"，他才能做到这一切。如果身在其内呢，情况就不大好了，我可以举的例子实在太多，古米廖夫、阿赫玛托娃、曼德尔施塔姆、帕斯捷尔纳克……一长串伟大而卑微的殉难者的名字，"真正的文学只能由疯子、隐士、异教徒、幻想家、反叛者、怀疑论者创造"，但是，等待创造者的肯定不是鲜花和纳博科夫所赞美的"软皮椅"，"诗与帝国对立"，更立竿见影的总是"帝国与诗对立"。纳博科夫说他最快乐的事情是众人觉得最紧张的：写作和捕蝴蝶，古米廖夫他们也曾有类似的想法吗？

纳博科夫说：我决不投降，我决不回俄罗斯。他确实极为明智。有时妥协、犹豫、乡情可能意味着更大的灾难。一位同样坚定而伟大的作家在获得诺贝尔奖之后回答记者问题时也决绝地说道：我的故国已经死去了，我再也不回到那里了。他们选择的都是逃离。"我已带走能带走的一切，母语、文学和记忆，没有什么遗憾的了。"

我害怕什么

怎么说呢，我也有机会享受到一些荣耀，不管我是否珍惜。但是让我更难忘怀的却是恐惧，知道源于何处却无法一语道出，更多的时候它可能就是记忆、习惯，就是我们看不见却知道它确定存在的刹那间就能让我们脸色变得惨白、真真切切巨大的力量，有时它还是会无限膨胀的某种氛围。我想说的是恐惧其实就是我们生活的一部分。它是一种机制，是生活得以运转的奇特的润滑剂。可能它还是我们逐渐成形的心理结构？

我记得有一次，我在某处的大教室中讲课，我想我肯定有越轨之处（我们内心都有检测器），突然冲进一个人，照相机对着我左拍右拍，反反复复，我的心一阵狂跳，几乎说不出话来了。

后来才小心翼翼了解到这一切不过是主办单位为了留下一个纪念而已。

弱者的武器

年岁越是增长，你越是知道世道的改变是非常艰难的，你也越是清楚自己是多么的软弱无力、胆怯怕事，于是押上性命、拼死一搏的人也就越来越稀少了。

我们也和所有人一样退缩、沉默，可能什么都不信，最后，甚至只好期盼着恶人多做恶，因为如此才有可能"天网恢恢，疏而不漏"，恶人更有可能"多行不义必自毙"！

比如选举

我真不应该想到这个词。我宁愿从来没有这个词。我宁愿彻底忘了还有这个词。一天，完全不经意地打开一份教育杂志，在封三上是一些图片，是某个专业协会成立大会剪影之类，就因为久已养成的"恶习"——所有看到的文字都会认真地看一遍，于是我看到某位标准的领导人形象——仪容整洁，肥胖而"诚恳"，一个重要的负责人在宣布专业协会"选举"的结果。我突然想到，胡乱地想到，这就是我们世俗而肉感的生活的一部分，我们时时刻刻都在亲历，其实什么都不能回避，也不可能淡忘。只是有时，如果比较幸运的话，我们会坐在会场最不起眼甚至是门后的位置上。

不纯洁的失败者

"上帝"意味着一个遥远的词，也许是博大，是不可知，是无限。我不能去细想，我不相信来世，我没有信仰，我曾为此苦恼吗？我所犯的所有的罪，我独自承受，我不知道向谁忏悔。想到忏悔我就害怕，像中国人一样地害怕，我的灵魂太不清洁了，甚至是我不乐意使它清洁起来。我想我有点无能，一想到这一点，我就几乎做不了任何事，我无能，手脚松软，长期睡眠不足，依恋却又恐惧柔软的被窝。人人都有难以忘怀的床铺，其中有一些人是失败者。我就是。

时代病

我在窗口注视的时间越来越少了，我坐在桌前发呆的时间也越来越少了，我甚至还惊异地发现自己能够很快地进入睡眠。忙碌地奔赴一个又一个目的地之间，我像是身负使命的人。一个只有使命没有闲暇，因而，也几乎无法停下脚步的人，我一定为自己隐瞒了很多内心的需要，我正在造就一种中年人的浅薄，夸张一点说，这是时代病的一部分。忙碌的人是不诚实的。即使忙碌的人说出自己的不诚实，这种说法本身也是不诚实的。

疑 心

一般而言，我对自己这一代人，以及比我年长的几代人，有着更多的疑心。这种疑心构成了自我审视与审视他人的基本态度。正如米沃什说的那样，"我们并非无辜者"。我们天天为各种各样的因素所羁绊，成为滞留物，成为混合体，我们是"消极"的反面人物，或者是"积极"的负重者。

未完成的工作

所有的写作都是未完成的，它无法完成。其实可想而知，写作并不能使人高尚，也无法使人更优越，有时，很多时候，写作就是设法（巧妙地，或者露骨地）把痛苦传递给他人，以减少自己的痛苦，或者，就是制造了假象，仿佛所有的诉求物都完成于最后一个句号中。因而，我几乎总是强烈不信任那些"多产"作家。我想说的是，我们很多工作的起点便是可疑的……

认出自己

我所说的便是自己的可疑之处。我几乎无法拒绝一个又一个外出作教育讲演的邀请，我看到自己的讲演记录稿，我显得有经验，流利，略有点激昂，诚恳，可是当我返身细想我所表达的一切时，我几乎仍然认不出自己。也许，这一切并不是我所期待的，我却又浸淫其中，我还能说什么呢，"矛盾，纯粹的矛盾"，问题真的这么简单吗？带着离弦之箭，我们总是免不了地要纵容自己，生活，每天的生活，只需要拿一点点的困惑作为补偿，外加更多一点的继续"与自己作对"的勇气。

多一些温暖，多一些隐蔽

有时候，我读自己写下的各种文字，我有一个奇怪的感受，我需要生活在紧张的状态中，某种分裂、跳跃、压迫，某种明天也许就要上"断头台"的状态——这个比喻对我而言，其实是任何怀疑分子所共有的生命的财富，说远了——在我看来，我不适合生活在从容、闲适之中，尽管我常常紧张而又动情地呼唤这种我并没有真正享受过的幸福。我为自我背离而才思汹涌。

写作有助于我活着像另外一个人。有助于我胡思乱想，这简直就是我唯一的武器了。我常常需要从远远的地方说起，然后才能明白我到底要说什么，我无法深谋远虑直奔主题，无法心定气闲从容不迫——现在我几乎是在重复着埃·米·齐奥朗的自我表白："我只愿在爆发性状态中，在狂热或高度精神紧张中，在一种清算气氛，一种痛斥取代打击和伤害的气氛中写作。"每一次，当我走进我工作的大楼时，我总是能够明白我无法不谦卑，我太爱它所给予我的启示了，生活着我们就能有足够的智慧，我穿过每日的黑暗通道，轻易就在一张座椅上开始了日复一日的功课。

其实，我并不知道我工作意义之所在。工作着就是对工作的忘记，这就是一种还活着的确证。我曾经把大量的时间花费在阅读上，现在这样的阅读却变得有点困难，我转身把自己变成了感受者，正像里尔克说的那样，"我曾经祈祷恢复我的童年，它回来了"。有一种力量正在日益强烈地让我回到课堂上，回到校园中。也可以说我开始从沉思默想的写作者状态中蜕去所有的自我虐待，越来越适于坐在教室后排的小方凳上。

我知道是我的灵魂在寻找着出口，另一种活路，另一种潜入生活的方式。是我听从了某一种声音的呼唤，我正日益变得更像另一个人。

向谁求助？

普希金说："我渴望生活，为的是能思考和受苦。"我在抄录这个句子时，想到了普希金一首原是写在一位年轻朋友笔记本上的即兴赠诗《假如生活欺骗了你》，几乎所有读诗的人都耳熟能详啊。我突然意识到（其实我一直这样想的）无论普希金说什么——他肯定说了很多，没完没了，喋喋不休，自相矛盾，说过就忘了，甚至严重的言行不一，据说他还"爱哭鼻子"（舍斯托夫语）——怎么说肯定是普希金个人的事，我们该听哪一句呢？为什么我们要听普希金怎么说呢？实际情况总是任何一位先哲往往都疗治不了你具体的伤痛，"理智帮不了你的牙疼"。所有的疼痛都具有无法替代的个人性，这才是真正的问题所在，无法回避、幻想，无法寻找替代品，也无法以"别人的痛苦是疗治自己痛苦的最佳良药"这类的话语作为自我安慰。普希金只能为普希金而活着，每个人都只能为自己而活着，为自己而承担，而最终也许真的可以说行为造成了我们的本质。

自视 1

你不会厌倦一本尚未打开的书。然而，书却已经打开了。你厌倦的不是它的文字（无论如何表述），而是它的厚度——多么具有讽刺性，我们需要的可能仅仅是解决，而不是问题。仅仅是逃避，而不是潜入。我们更乐于生活在习惯的世界之中，虽然我们同样不掩饰对新奇的向往。

所有的改变都是困难的，因此我们更乐于不改变，我们变得喜爱抱怨，冷漠，惯于推卸责任，惯于在行动之前就已经把行动看作毫无意义了。我们善于妥协却又斤斤计较，乐于争斗却又彼此相似，我们是这样一群人：身体越来越笨重，灵魂苍白，热恋着各种变化的欲望，最终选择的总是俯首听命。

我们经不起自我询问，我们一言不发却又众声喧哗。

自视 2

我写的东西不多，我大量的时间花在对写下来东西的不断的阅读上，这肯定是可笑的。这是肤浅的自恋，同时又是一种令人失望的自我封闭。我发现我写下来的东西本身也具有这些特点，一切都是共生的，我所不能改变的，我其实是我的现象。

不过，我又想到，写作的意义就在于提供了由内到外的反复的自视，它使你不再忧惧自己的才能，而仅仅忧惧自己的眼力。

自我偏离

我也想像杜尚那样说：我喜欢活着，呼吸，甚于工作。杜尚说他作为一个艺术家基本上一生衣食无忧，年轻时得到父亲的资助，这位公证员的资助方式很奇特，他和孩子们约法三章，无论谁现在得到的资助越多，最后得到的遗产就越少，但正是这样的资助使杜尚六兄妹有四人成为了艺术家。杜尚还说一个艺术家如果他的作品不能得到发表，那就等于没有这个艺术家，我想的却是，如果每个人都有一个杜尚那样的父亲，也许他成功的可能性要大得多。但是，我们尽管最后仍有机会选择自己的生存方式，却不大可能选择出生在什么家庭，有一个什么样的父亲，这种天然宿命是一件无可奈何的事情。

昨天，我读着《杜尚访谈录》，我还注意到杜尚一生中特别震人心魄的冲动：我一直都感到一种逃离自己的需要。他奇迹般轻松而又成功地做到了这一点，逃离主义、团体，逃离对画布对传统绘画技法的依赖，逃离婚姻、金钱、名声、影响力，甚至逃离了祖国（他拥有法国和美国双重国籍），他始终是以"业余者"的心态对待艺术乃至人生，"杜尚是杜尚的旁观者"，他过着"极简"的生活，"每个人所需其实并不多"，他渴望变化，"破坏"，然而又是那样温文尔雅，随心所欲，出手不凡。作为现代最具创造力和影响力的艺术家，他的作品却少得令人震惊，因为他大量时间花在下棋上，甚至成了职业棋手，并出版了国际象棋的专业书籍。最后，他说：我一生过得极其幸福，没有任何遗憾。有几个人能这样评价自己的一生呢？人们总是生于不足，死于不满，至死也无法成为自己。

杜尚说：我的一生是一件艺术品。人的一生也许……有可能成为一件艺术品。

"同利益有关的错误"

人总是要犯错误，总是不断地犯错误，有时还会重复着犯同样的错误。犯错误几乎成为人的一种"本质属性"，同时还成为人得以创新的必要前提，"天才始于混乱，哪里天才越多，错误也越多"，据说这是对错误的新认识。

人毕竟是人，总是经验不足，总会考虑不周全，总是有复杂的因素干扰着我们的思维，总是会有各种人力所无法抗拒的力量改变着最终的结果，因此几乎可说成功总是有点侥幸，所有的错误都能够找到它的必然逻辑。

犯了错误，就需要反省、检查、修补以至重新开始。但是事情往往没有那么简单，更多的则是有大量的错误被坚持下来了，我们世界的很多面貌其实是由错误所铸就、所改变的，因为人类以及他们的统治者总是更乐于坚持与捍卫各种"同利益有关的错误"，这也许也是人类无法改变的一种宿命。

直到看不见

留给我写作的是什么呢？我想不起自己对这一片翻开的土地到底有什么兴趣。几年前我就知道这些土地已经被出卖了，我希望这是传闻，或者因为房地产公司状况不佳，放弃了开发计划，或者因为新的政策，堤坝外面的土地一律必须保持原生态，那些竹子，东歪西斜自然生长的龙眼和橄榄树啊，也许多年以后仍可以像原来那样地生活着。可是这一切都过去了。有一天我回到家，登上屋顶，一下子看到了这片被翻开的土地，有人仍在地里灌沙，所有的树都不见了，这里仿佛是一块新的土地，陌生得难以置信。我曾反复注视过的图景消失得干干净净，小鸟们也不知道都飞到哪里去了。新土地上的工人们大概不会关心这一切，不会有人关心。一块新土地，这是迟早的事情。

我想起了一些文字，它们无意间为我留下了记忆。也许我早就知道这一切是我应该做的，于是断断续续，我写了这些看似并不相关的文字。

身体里的旅行

在村子的前方是乱石堆成的拦洪坝，双目所及则是在阳光下白得刺眼的沙滩，童年时种下的木麻黄虽然越来越少，却已经形成一道风景。近处，几棵橄榄、龙眼，说不出名字、齐腰的草，都显得疲倦、闲适，被沙滩阻断的小河安静地与一丛一丛的竹子相守着。我突然意识到四下里只有我一个人，无论我在何处驻足，景色都把我包围起来——强烈的放松感竟有点怪诞，它不断地在我身体里扩展开来，使我明白在身体里旅行的仍然是我自己。

肉体是不能欺骗的

我一边写作，一边等待 N 的到来。我通过手的动作克制了内心的躁动，我对 N 期待已久，这次约会可能是生命的冒险。也只有事关肉体的欲求，我们才能以性命冒险，这似乎是屡试不爽的经验。因此又可以说，所有精神性的行动，如果不能转化为肉体欲求（越本质越好），那么归于失败或半途而废的可能性都极大。

然而，N 迟迟未到，我突然恐惧起来，我恐惧的是自己不能坚持。

真　实

我正在经历最恐惧的事件，即越来越为办公室同事所了解，她们先问我是不是在写诗，在得到肯定的回答后，她们说 K 的学生已在图书馆查到我写在 H 杂志上的诗作，似乎是什么"……即逝的风景"，然后她们开始和我谈起诗来，空气中却有一种诗歌被放逐的气味。她们的态度完全就像自己人。我竟变得嗫嚅起来，拼命解释为什么喜欢独处，不理人，诸如失眠、近视眼之类，我好像顺着身体内部的梯子，一步一步地往下走，不断调整自己的视觉，我要在办公室里找到生命的真实。

盖棺论定

我感到奇怪的是，H 坐在我面前时竟像六年前的 H，这是六年中我第一次有这样的感觉，声音、发式，甚至连肤色都变回六年前那个样子。难道这六年来我所见到的是另外一个人，或者 H 这六年所有的变化只是为了达到"不变"的目的，抑或还有另外一种可能，就是这六年的 H 都处于"遮蔽"之中，只有此时突然绽放了？

H 不知道我的闪念，他先是环顾办公室，又朝窗外注视一下车流和对面的保险大厦，然后说："很多人一生的奋斗就是为了一间独立的办公室和一部电话，现在你都做到了。"接着他又说："不过老鲍（H 的朋友，报纸栏目主编）同样有一间办公室，却有两部电话，这是境界的不同。不要紧，你们都达到自己的目的了。"离去之前，H 又说："一间自己的办公室，值得很好使用。"

自我模仿

"在他为人道进行的斗争当中，他那不幸的大脑必得专注于他生活其间的残酷——世界所有的不人道。"——我一时忘了，这句话出自谁的口，我宁愿也曾这样表达过。

没有和解的精神，便不可能有真正的人道。

真理与正义重复宣讲，绝非多余。

"集体"往往浮肿而盲目，混乱而狂热。

对人辱骂体罚，绝非教育，纯属谋害生灵。

弱势群体，往往会成为多数人发泄潜在精力的标靶。

生命比任何知识、规则、纪律，甚至荣誉、被许诺的未来的发展与幸福的可能性，所有的一切都更神圣。

在精神领域里施行强制，非但构成了对精神的犯罪，也必是徒劳无益的事情。

唯有沉默镇静、温和自制的人，方能在精神领域有所建树。

我们都曾被一种观念决定性地塑造，这何其可怖。

我可以如此表达教育，即人们在交谈，在欢笑，在表演，在交流，在思考，在争辩，在给予，在索取，在书写，在创造，也就是说在生活。

当我把欲念收归到教育时，我便不再有欲念。比如林中有两条路，当我选择了其中一条，对我而言，其实也就只有一条，索性如此，命运便不再有任何底牌。

感应器

几年一直走下来，并不知道这条路有什么名字，我总是把它称为晋安河边上的那条路。后来路旁废弃的工厂上盖起了高级官员的住宅，从大门口就修了一段路到另一条大道，于是路也突然有了名字：公益路。这名字略略会使人感到吃惊。除了这段灯火通明的"公益路"外，余下的部分路仍是没有变化，仍是一到晚上就成了"恐怖地带"。有时傍晚我从这里经过，到了桥洞，仿佛一下子进入了黑暗。这时，身体中的感应器，马上就有一种异样感。多少年来我一直精心保护着这种异样感，以免自己过于松弛，放任，这似乎成为一项有意义的工作。时光消逝，身体开始衰老，与之相对应的是更强烈的某个器官的鸣叫。

有时我也低语：应该抛弃这个形象。每一次事到临头，总有日积月累的生活的智慧，使我谨慎而老于世故。

甚于死亡

当我们处于生命的"非临终状态"时，我们如何能说"甚于死亡"或者"甚于面对死亡"呢？这时候所有的"死亡"只不过是我们所"期待"，同时为想象所无法抵达的。然而我们仍要一再地从自己的生命中体验日益真实的自我分离，仿佛就因为我们需要某种惊悚感。没有什么比死亡练习更能使人意识到生命已在逝去，每个人总有自己的练习方式，日复一日，最后，你几乎无法说出活着的人生的任何意味，你好像只是一个练习者所借助的身体，你甚至只是练习者投在地上的影子，你只不过借助这练习者的思考，而获得继续思考的理由。

当我登上回家的楼梯时，我看到四周的房子又增加了许多，几乎把远处的公园全部拦住了。我的兴趣却仍然落在不断开始但已经变得有点混乱的思绪上。午后，天空阴沉，降温使身体的感觉又回到了初春。初春的休息日是比较奇怪的，冷寂、哀愁，就像送葬。

退　缩

其实你可以成为一个退缩者，不断地退入空无，词不达意，不知所云，无所事事……从刻板、无处逃逸的生活寻找一个出口，也许我现在说的就是一种写作的态度，一种与具体生活反向对应的可能。我明白这样的自我期待。当我随便在一张什么样的纸上涂涂画画时，我就是那个比真实生活中的自己不严肃得多的人。不需要有人为我把握方向，我幻化为一个个文字，同时我又注视着这些文字，我使自己变成了一次旅程，我是行将消失的幻影，我记录了生命中一次又一次的放弃，最后是这些放弃成为继续写作的依据。

对生活的一条注释

然而，你并不能做到，把你的所思都一一记录在案。我所缺的并不是一张普鲁斯特式的柔软的直接就可以用以写作的床，也许我从未表达过对这样一张床的贪恋。我渴望着整个身体柔软放松的状态，这一切就只有在床铺上才能实现，但不论何时床铺都没有成为我的书桌，我更适合在坚硬的桌上记录一天天零零碎碎的梦幻，或者随身带着一些纸张以便随时涂写什么，我是无序的，跳跃的，自艾自怨的，甚至是自动作的，可是，我记下的生活几乎都不可能变得细致起来。生活总是一种象征，有时，当我回溯生命的历程，便会惊奇地发现，越是平庸无奇的生活越具有象征性，它所揭示的不是差异，而只能是确凿的共同的平淡，最终这一切就在我的脑子里再也无法忘记。

活出意义

我能说自己都做了哪些有益的工作吗？广泛的阅读和日益深入的对学校的了解，无非增加了我对教育的一些见识而已。其实我是提不出多少对教育的看法的，尤其是今天，很多看法也很难对教育能够有所补救。我想着教育的事情，想着生命总是转瞬即逝，于是常有悲情和自我怜悯，这一切几乎就是一种生活的功课，也就是生活本身，一个日益边缘化的知识分子的日常情绪——还容我把自己看作是一个知识分子。

我总愿意说真话，总愿意能够说真话。无论在何时，真实地吐露自己，就是一种生命的舒展，甚至就是生命的质量。不是我只信赖自己的直觉，而是我太明白，生命其实何其短促，让我们用自己的眼睛去注视这个世界，用自己的大脑去思考去想象，用自己的嘴巴说出爱恨恩仇吧，我为自己就活在危险的边缘而有一种美妙的快意！因为爱，眷念，你必须有所选择，在我平静的生活中，内心仍激荡剧烈的火焰，我也明白，现在我是把更多的激情投注在我热爱的一个工作上——也许这一切还不算太坏。

弗洛伊德曾谈到过我们所遭受的威胁：它"来源于三个方面：来自我们自己的身体，它注定要衰弱和消亡，甚至不能没有作为提醒人们的信号的疼痛和苦恼；来自外部世界，它总是以其巨大而无情的毁灭力困扰着我们；最后，来自我们与其他人的关系"。齐格蒙·鲍曼又进一步说道："这三方面背后的却是一个'一切威胁之源'，它每天引发其他一切威胁，从未让它们逃离控制：一种终点，意外的终点和最终的终点，在其远处不存在起点的终点。"人类生于宿命和无法变更的局限之中，我们所能努力的也许就是无尽的幻想和不断加大生命体验的强度，在半是想象半是真实之中，活出一个残缺而又自足的自己。

幻想之眼

每天一个转念

2005 年 4 月 5 日：思绪所及

1

不是适应，不是顺从，而是接受。因为只有接受才可能意味着，勇气，不妥协，对人性的坚守，甚至对苦难和丑恶的蔑视。

2

一定要尽最大的力量，即使你不能抗拒，你也必须始终保持对邪恶的敏感、警惕和 —— 我想用一个"消极"的说法 —— 躲避。因此，我才知道我已退到边缘，几乎无路可退了。

3

躲避是一种比逃避更消极的状态，在逃避之中仍具有一种力量和主动性。躲避则是自我怜悯、恐惧和剩下的最后一条路。有时，我们碰到的现实就是这样。

4

今天我能理解布罗茨基所说的："疼痛是传记性的，而喊声是非个人的。"下午，在一场暴雨到来之时，我突然明白了其实我再也不可能期待什么，我面临的时刻是具有象征性的，我觉得好像时间停止了。

5

一个人越是渺小，越是卑微，越是能够感觉到身上的责任 —— 我因为精神可怕的疼痛而更加理解这个时代，理解自己，我身体在各种重压之下不时发出令人不安的声响，我承受着，并从中获得一种奇怪的满足感。

6

迪特里希·朋霍费尔说：这不是我的错 —— 这是我的命。十年多来，我一遍又一遍地读着他的《狱中书简》，我总是在返回之途：精神的获救几乎是不可能的，精神的需求从一开始就已退居极其次要的地位，我们继续着下滑，居于惊恐之中。

7

是的，处于"惊恐"之中，发生过一次的灾难总是不断重复着发生，我们因此更易于理解自己的时代，理解自己的处境和对灾难的承受力。

8

当我走入具体的工作之中，生命常常表现出欣然、自信和坚定，然而当我退回书桌前时，我真的茫然极了，幽暗和哀愁常常占据了所有的思绪，不是过于自恋，也不是生命正遭受什么失败。当我坐下来，我就必定触及对生活的"非生命化状态"的思考，精神时常就在最轻微的耐力的考验下崩溃了：我说的是深深的耻辱感，总是沉重地打击着我，它的表现方式总是那样的简单和司空见惯。

野地里的灵魂

1

不幸常常使我们更工于心计，使我们对世界的理解也变得更为不幸。我不太在意如何去表达对世界的理解，我的智慧并不够用，有时在茫然和惊讶之中，我是一个生活者，我倒是更容易忧伤地想到，生命何其短暂，很多时候，你来不及细看，来不及省思，你是一个扑面而去的过去，总是一下子就知道自己已经走得很远了。你不时听到自己大声嘶叫，你感觉不到声音到底从哪里发出来，叫声却越来越强烈，叫声抓住你，好像要用全部的力量摇动你，扑灭你，你突然成了自己声音的敌对者，这仿佛却是你所乐意的，你拨弄着自己的声音，你被奇怪地拔高，升腾，抛弃，跟着自己奔跑，好像在躲避着什么，然后又走进自己的声音之中，你进入了自己不能控制的游戏，只有这样才能辨认自己，才算是囚禁住了自己的生命，只有这样才是一种止息，静默，才是你所允诺的牢固的一个世界。

2

你突奔向前，你长久地保持着这样的姿势，你为自己感到困惑，这仿佛是一种突然到来的裂变，然而它却已经到来无数次了，它甚至每时每刻都在持续，你仍是惊讶的，你不能不惊讶地看着毫无变化中的平静，平静后面的决然，一切都事关生命这个奇怪的词。有时你觉察不到，有时你不为所动，这个时候你只面对着自己，你说，你知道你是在介入，其实不是，是生命贯注到你所有的细节，这种感觉很突然，不常出现，却是始终起支配作用的力量，一种证明你仍然活着的废话系统，没完没了，你根本摆脱不了的梦魇。你在光天化日之下，你并没有抓住自己的头发离开片刻，而是一个持续的梦魇使你变得安静，一种以为自己仍然保持着活力的安静。你走来走去，好像要找出证明，然后就是这样，你不停地走动着。一个简单的事实。

3

有时我也说，这个我心爱的世界，我知道我只能这样，没有别的表达更恰当，更绝望。你可以反复地说：这个我心爱的世界。我投之感情，我的感情又端赖于这个世界，于是你既无法撕裂，又总是为自己种种撕裂的冲动所胁迫，所摇晃。我文字中反反复复陈述的，是令我晕眩的生活压在我身上极端的刺痛，我并不知道它的开始和结束，我只知道它在，一直就在我手腕上，血液中，我的发际中，我吐露的气息中，窜起，跳跃，有时我把它称为火焰，这个我心爱的世界，难以捉摸却极少有你心许的变化。

甚至你无法认定自己所心许的。我骑着自行车穿过阳光中的湖东路，我一直思考着，我并不觉得，几乎也无法想到这一次与上一次穿行时到底生活的变化是什么，也许有些日子我确实心醉神迷，这种炫目感也挺好，不过生活的漆总是一层一层叠上去的，我要去辨认的不是它的底色，而是，姑且这样说，每一次用力刷动的手势，无用的，非实在的，一种只有在静默中才能获得的抵达。

4

现在我的理由很充足。我总是超离了我熟悉的事物，我寻找的不是陌生感，有时我对新异性也是拒绝的。我说的是，其实我仍置身于所有旧时的事物，我没有离开，只是，当我独处时，一种对生活的坦诚赋予我未曾有过的敏感，我看到自己仍坐在桌前，阅读，断断续续地写作，日常生活也仍围绕在桌子的四周；我看到还有一个生命神秘的长度，这样的工作仍将得以继续；我也看到了理解与自我约束，远去的脚步声又渐渐返回，又一个短暂的时刻。

一个下午，我都坐在那里，几乎一动不动，我说的是我静默于自己的思绪之中。一座大楼暂时是空的，我也能感觉得到，我享受地注视着窗外，所谓的注视是简单的辨认，重新进入轮胎、气流、机械、人语、树叶的喧哗，谁也不会为自己仍然能够辨认这一切而格外惊喜，我自然也是这样。我的享乐总带着我自己的一种谦恭和低声下气。午后的阳光开始西移时，空气中充满了不为人知的挽留，即使你不认同，它也就是这样的。

5

你所需要的词汇很有限，句式也很简单，你静坐着便依靠这样的两个翅膀，自顾自地在黑暗中扇动，你想到了不可改变性，是的，你不需要变化，你所看到的一切很久以来就是这样，并不是它变动或者不变影响着你的情绪，你体验着自己，也无法觉察时间正在逝去。有时，你简直就没发现时间是流动的，你只看到重复，好像所有的生命都深不见底，你从这样的闪念中获得了一丝的安慰。或者，什么都说不上，你追赶着自己的情绪，很多人提及这一点，说是你的脸看上去适于思考，那么，也可以说，所有的你对自己的爱恋都不算过分，它是持续的一种自我安抚，一种习惯。不需要谁为之负责。

常常，你便陷于反复缠绕，你喜爱的贫乏—— 一种经过了多次思量最后选定的无趣来引诱自己，消解自己，你不时地听到了身体中"咣咣"的响声，你微笑着显得格外镇静。

6

你耐心地读着，被自己迷惑。你常常想只有这样最好，你不需要求助于倾听的耳朵，虚空是一种消费方式，你抵制住所有的外力，这个瞬间这样的感觉是允许的，你认为自己很重要。你消费着自己的感觉，正像某个作家说的：你使整个身体变成了一种发音。只有这个时候，一个用力的声音，它就在那里，又好像哪儿都没有。

有时，你坚定地想到，就是天塌地陷你仍会坐在自己的位置上，你总是会有一些激烈、极端的念头，世界出现在你面前时总有一个缺口，它是适合你的，你把自己的身体想象得很灵巧，是飞翔者，不过现在，这样的想象也毫无益处。

所谓的毫无益处可能更应该说成没有着落，当我写完这个句子，新冒出来的凌乱的思绪总是打断我，没有着落感使这些文字变得相当空虚，幻动。你知道自己很矛盾，你在复杂的感觉中已经倦于作出取舍，这种感觉也成了一种奇怪的耐心。

7

耐心是一种非常含混的品格，现在我正缺乏接着思考的耐心，我总能够说对了一部分。自私，使我经常只考虑自己的写作；冷酷，使我沉溺于自己的文字；古怪，其实是说我的世界往往是关闭的。我还要承认，这些关于"自私"、"冷酷"、"古怪"的陈词，借用了法国作家让·科克托的修辞，这位天才艺术家，当他写"存在之难"时，他的文字也是轻盈的，因此，诗意本身往往就是排斥苦难，就是一种从容和解脱。另一方面，我也要承认童年馈赠我的一切比我想象的还要多，我知道这一点已太晚，我常常自顾自地想到，其实我完全可能有别样的童年的。

现在我只能选择顺从，我天真地意识到我们并不能控制任何事物的变迁和呈现。你每一步踩下去，有时要不了多久你就会对自己感到吃惊，而有时则要到很久以后，甚至你都忘了到底怎么回事时，一个所谓的结果才让你后悔，一切已不能改变。

8

我从不排斥极端，这个词本身也让我欣悦。有时我执迷于自己再也伤害不了谁的快乐。当我坐在家中，我就反反复复地想对自己说，宁可愚蠢，宁可四处碰壁，从中我更容易找到一种理解自己的方式。理解自己，就是明知错误在哪里，也不会因为改变不了错误而懊悔。另一个时刻，我则又愁绪绵绵，我失去了惯常的平衡，我从失衡中重新变得无聊、失意，变得富有使命感，最后头痛便压倒了我。我甚至没办法向你解释这一切。生活不会带给你什么洞见，佩索阿总是乐于感慨生活着就是生活的丧失，克里希那穆提则强调知道恐惧的原因并不能消除恐惧。我意识到我需要的不是帮助，常常，我只能停止了生活的某个步骤，生命因此变得有点悬空，它需要我改变自己的很多早就保持的习惯。

我知道，有时，我们只是对自己怀有强烈的敌意，更大的麻烦还在于，我们总是急着要解决原本就不大可能解决的难题，是的，我说的就是这样一些琐琐碎碎的事。现在又开了一个我刚刚想起的头。

9

我写着，就是为了改变自己，我说的是狭义的改变，比如一种我阅读自己作品时突然感受到的陌生感。我总希望能用最少的文字、最常见的词汇写出同样贫乏的自己。我厌倦了长句、复杂、隐喻，有时我简直就是既不会读也不会写，但是这种状况也不可能使我心境有任何变化。

没有谁能说他生来就是为了读与写，我却常常以为自己能从中找到一个安乐窝。有时，我很惊讶的是，我就不知道还有什么别的生活更值得期待，更有助于我做起没完没了的白日梦。

我阅读就是为了询问自己，然后我便开始记录下自己所有的病症，我在文字中分析它，在生活中遗忘它，然后又在新的梦境中继续着旧的梦想，我也同样欠缺某种分寸感。

我更关心的不是生活中的"酷刑"，而是对它的记录。从某种意义上说，是它的一些碎屑。

10

你渐渐地就明白了我的娱乐方式，我被自己禁锢，游手好闲，时时陷于一种一切不可改变、即使改变也没有任何意义的退缩状态，我总是会为这样的理由而格外地原谅自己，也会为这样微薄的快乐而躲藏在更深的洞穴，我知道我等待的不是救助而是自我遗忘，我内心想说的总是：放弃，犹豫，不安。在我和生活之中有无尽的重复，现在已经成为一种不引人注目的保护色。说它是保护色，也是说说而已，我根本就不在乎。是的，很多时候，我过于敏感，又厌倦至极，恐惧并不是用隐形墨水写成的，它确实就在那儿，就是这样。

就是这样，你离开家，就为琐琐碎碎的情绪所簇拥，你知道自己仍是那个熟悉的人，并不是你相信这个感觉，而是这种感觉也是对的。你是停留者，你脚下的土地也停留在那里。一些可靠的感觉赋予了我们一种习以为常的责任。

是的，我说的是，继续。

11

我会坐在那里细细地想很久，我没有想出什么。时常在潮湿的夜晚，阴冷中有很多怜悯和哀悼的情绪，你不必想着到底能活多久，但你几乎看不到梦魇的结束，你知道自己的念头有点浅薄，你时不时要看看已经逝去的生活。现在你坐着，和激情、盲目、甜美隔开，你有耐心，而耐心是一个自我挽留的词，甚至在这个词里面还有一丝心怀享乐的滋味。夜晚，一些隐蔽的细节反而能够被你看到，这一点你也知道。

这是一种习惯，无论从哪里开始，你就是要回到自己的桌前，生活的姿态其实很顽固，也极为简单，就是这样——回到桌前。双手的肘部可以放松地靠住，身体前倾，你知道这个时候桌前的你，才能够疾步走进另外一个世界，一种惬意的徒步行走，一种徒劳。

12

每当我写下一个句子，首先想到的就是一种自我肯定，我乐于想到这样的方式，它远胜于任何的爱抚。你平静地看到没有变化、温柔的住所，你眷恋这一切，你也不放弃，有时是徒劳地破坏着，你把自身变成一种要求，一种极端的自我接受。

有时我想到的却是，因为长久的禁闭，你学会了一种只为你所知的盘旋——时常，你几乎没有意识到你总是能够把自己排除在外，当你注视窗外，你并没有注视，你是缠绕的，加速度的，是自我强迫症患者。

我曾经依赖着一些词而活下来，现在仍是这样，所不同的是，现在它的叫喊已经盖过生活的喧嚣。每个夜晚我都知道，当我说"现在"，我已经活在未来，一个无法确证的开始。

13

我已经厌倦了"我想说的是"、"我想到的是"这样的倾吐和思考，也许，我再也没有什么可说可想的，但是我又实在做不到，我总是揪住自己，整整一个夏天，一个秋天，一个冬天，现在是时而明朗、时而阴冷的春天，我胁迫着自己，把对世界的拒绝和愤懑转化为表面上平静的个人生活：我是你看到的那个人，我不在你的视域，我心怀仇恨，但它却是柔软的，有一张似乎被诗人策兰歌咏过的"可变的面孔"。我不为懦弱找寻任何理由，懦弱把我们生命中可能的冲动巧妙地吸纳入自己的洞穴。很多时候，你很难作什么判断，很多时候，你身不由己地放慢了行走的速度。

很多时候就是这样，你所剩下的就是烦闷的自我审视，是的，这是极端的事件，并不是你失掉了生命的重心，可能你根本就没有，所谓的烦闷就是明知我们残缺、失意，我们却承载一切，从来，都乐于这样——每一次的屈服。

14

现在这项已经持续几天的写作就要结束，我的身体收起了自己的触角，原先它并没有伸张什么，现在则是更知趣地返回其实没有离开过的洞穴。你摆弄了一次不为外人所知的道场，你知道一个人的生活很难，幸好这样的事从来没有发生过。

关于生活的俗务，我们都已练习多年，你不相信其中有多少智慧，你遵从的原则，常常使自己吃惊，更使自己吃惊的还包括你总是希望任何时候，你的洞穴都比较合身，它隐蔽在你的生活之中，你知道。

生活着就是一种眷恋，空气中四处散布着它的气味，你可能不知道什么是安全，它的气味你一定熟悉，它就是你身体的一部分，有时却又像是一种自我吞食，你的感觉不断变换，你抓不住，你正在离开，最终却完全不可能有片刻的逃离。

如果幸运，我的写作就能够得以继续，这样也好，我再也不必寻思别的生活，每天我都会回到桌前，那一刻我变得格外安静，我不相信自己的工作有多么重要，但相信这确实是一件工作。

15

我知道没有结束，没有结果，更喜欢的词是"继续"。"继续"总具有一种合法性，它说出来的并不是结论而是事实，如果我们感觉到有麻烦，往往也是由这个词引起的。一种眷恋，不知道目的，没有人强迫。

我说的麻烦在于，你完全无力阻止正在发生的，有时我们甚至很难意识到，这也算是一件好事。我们是带着无知上路的，即使总有一天能够意识到，可是这些意识能有什么意义呢？当你说继续时，其实面临的仍是消失，活着，持续地等待着，要做最后的见证者，却再也无人可以分享。

于是用力回顾，不断地返回，又不安地想到这一切多么徒劳，被自己纠缠着，一切都是一种请求，愚笨地想着，负担着，一刻也不能放下。

16

如果要作个总结，我能够说的是，这些零零碎碎、看似自恋其实冷漠的文字，全都似是而非。当我不能真实地表达时，选择的只能是对文字本身有点夸张的痴迷，我费力地涂写，小题大做，我知道我要选择什么，诅咒什么，但是我写出来的总是相反，不是我自相矛盾，而是认定的凋零的角色看起来还算不错，已经没有对任何事的急切，没有对已经发生的一切的懊悔，我变成了一个耐心地消耗自己的人，没有道理、没有缘由地在细细小小的事情上着了魔，这是一种日常化的折磨，我等待的从来就不是什么得救，也不是想象中的自我犯罪。

我感到吃惊的是这样的情况已经持续了很久，在这些文字中我摆脱了所有的束缚，顺从地随手涂抹，我没有获得什么快感，我的文字总是像一个新修的墓地，我想说，我害怕的一切，总是在我写作时出现在我的笔下，我听见它大声地嘶叫着。

　　我知道我说得有点过分，现在如果要结束这一次书写，我就将再也不愿提起，我常常有点紧张地说出了不愿说出的，然而就在这个瞬间，我自己却因此记住了这一切。

单向街，或潮湿的冬天（之一）

1

天转冷了。

我更少离开居住的城市了。

我对那个城市常常有一种难以抑制的不安感。一想到它，我就知道自己的生活完全是在遮蔽之中，太无关紧要了，甚至连自己都懒得多加梳理，我在边缘之外的边缘，我总是滑过城市的表面，三步两步就在某个角落找到自己的书桌，找到一张还算舒适的靠背椅，一部固定电话，一扇可以关闭的门，一盏灯，然后动手用很多废纸掩埋自己。我这样说是比较浮夸的，我不这么说，又实在无法处理书桌上夜以继日堆放的书籍，背面可以用来涂涂写写的杂志校对稿，尘埃。我的书桌是我的不解之路，同时也是我的理解之路。那个城市在特定的时间，能让我想到的也就这么多。很多年来，我一直不希望有人从什么地方，到这里探访我，在我的记忆还未成形前——记忆总是有某种乡愁的味道。

我会明白回忆的是什么，我经常写到我对着窗外发呆，这确实是常做的一件事。想想看吧，你视线所及，无数的建筑，不断推扩出去，仍是这样，我就感觉当我思考这类问题时，我就成了一个中心点，当我在这个点上时，我就在一种自我制造的眩晕中。世道已经容得下一个人无所事事，心猿意马。当我坐在书桌前，我会觉得世道还是不错的。

我跨过自己的门槛。我和很多事物都相隔遥远，我不会跟着谁，谁也不必离我太近，我就在具体的生活中，用不着耐心地注视，我已知道限制我的一切终究会解除，但这种解除可能根本就与我无关，因为我不可能存在于生命之外。当我生命存在时，所有的限制就是我必须面对的宿命，每个人其实都只有他的现在，几乎都只有他的一条路，即使同样走这条路的人很多，也仍旧是一条路——我知道所有的问题在我之前，都已经被反反复复地思考过，现在，我是作为"个别的我"，又重新面临。

我想起小时候，有一个特别困扰我的问题。上学时每天要系的红领巾，总是不断有人提醒这是革命先烈用鲜血染红的。这句话带给我巨大的震惊。

毫无疑问，那个时候我能够得到的提醒并不多。但有一两次的震惊。

狂野的心，被
半盲的刺
蛰入肺中，
空气涌出泡沫
缓缓地，血液浸透
（空气）赋予自己形状
寡信无常
而又真实的
生活的
另一面
　　　　　　——保尔·策兰

夜晚坐在桌前发呆的人，更愿意跟随着自己飘摇的思绪。还是在这个夜晚，我想到生命的一些惊异，有时我甚至不忍再加细想。不要品尝，不要回味，不要理解。有时是记忆中另外一个人像我一样地成为屈服者。

我们还有多少债务有待处理？

始终要思考一个人如何成形，始终坚持不懈。

始终热爱自己的书桌。那里就是留守地。

没有一张白纸会同情我们的生活，而涂满各种字迹的则另当别论。我们时常希望读到只属于一个人的文字。文字的力量不在于某些词，而在于一些词让我们无法视而不见。我从这些文字中碰到我热爱的人，我要坦白，总是有偶遇有意外，总是要从一些词介入思考。

深冬的城市开始下雨，雨下得很大，路面全部湿透了。唯独这个冬天，我想到潮湿和阴冷也是很好的。站在高处，你也不能看太远，白茫茫的，所有的自然现象都令人费解，只是我们几乎很少细细思量过。我们倦于对自然的应对准备，每天仍会准时出门，穿过所有必经之路，仿佛一切都已量身定做——现在，我在汽车含混的各种声响中，快要睡着了。

我并不等待什么。

2

也许我会等待一个人。你可以把每一次相遇看作生命中的一个事件。

H总是对我说，我希望的是一次放松深入的交谈，可是怎样才能够做到放松呢？

> 在你近旁，
> 比草还高，
> 一嗅到危险，
> 耳朵就竖起，
> 蓄势待发。
>
> ——奥　登

据说奥登写的是一只野兔。

今天下午再好不过了。阴冷，噪音时有时无。我获得一种奇怪的，解放一般的愉悦。

人为何而努力。在我工作室附近有一棵五百多年的榕树，我常常想我更应该为它撰写精神的成长史。对每一位目睹的人而言，它几乎就是不朽者。我愿意坐在树下，长久地注视着。我愿意倾听一棵树内部奇特的暴风骤雨，只有你在树底下呆得够久，才有天光乍现的一瞬。

3

在那个城市，当我穿过阴冷的街区时，我会奇怪地想，也许今天晚上特别适合写作。夜晚，我并不是说在内河飘来阵阵腐烂的气息时，我就可以动笔了。

走在路上时，我实在对自己没什么把握，有时甚至不知道到底会转到哪儿，但是，一旦坐到书桌前，我的身体便为各种念头所折磨，你不可能到别的什么地方找寻恰当之词，你屈服于自我占有。不再有任何的疼痛，而且自己觉得更像一个黑夜的男人，一个不幸的世界经常也是让人羞愧的——我别无所长，坐在书桌前，回味着刚刚过去的白天和另一个白天有什么不同，我是我自己的功课，单调，自我约束，同时也是安宁的。

4

你阅读着我的文字，我却不知道你是谁。我不期求你作出任何的评判。这些年你已经分享很多。你的出现总是出乎我的意料。在写作时，我常常说我还能忍受。这个城市，基本上没有可以散步的街区、林荫道，我也是急急地穿过一条近道。并不是"我活得就像一个逃难者"，而是，说明白了，就是：一张令人满意的诚实的脸，矮胖的身体，费解的走路姿势，突然愁苦的面容，夸张的谈吐——几乎完全适合。我说的就是这么回事。其实我愿意不断重复自己。其实也无所谓。我为自己作一些注释……

我总是不断回到开始。

我不断地使一些文字同样地诱惑着自己。

单向街，或潮湿的冬天（之二）

1

你几乎再也无法离弃什么。

再无法离弃亦即你并没有真正地抵达。你总是在徘徊，绵延，你在外围缠绕，知道自己心中所惧怕的，却热衷于在惧怕中享受着惧怕，你是能动、无欲、低叫的编织者，穿越在夜幕中变得过于实在的知觉之门，无所谓返回或者前行。更多的时候，只是露出一个肤浅的微笑，就能够在缺陷、妥协、偶然、厌倦之间获得对生活的全部理解。而今天的生活，当下，片断，短暂，却是永恒的，对你而言又简直是最后的时刻，再也不知道有什么别的生活，现在你所要避免的并非平庸的日常性，而是喜悦地认同自己的选择，在毫不可取的状态中服务于原先一直躲避的一切，你是欣赏者，你冒犯着曾有过的梦想。

是的，当我写到"曾有过的梦想"时，我清晰地回忆起自己总是怎样被那些文字——在被书写之前它们就已经死去很久了——激起偏执而绝望的激情，必须有另外的文字来完成对它们的遮盖，必须，同时我又心虚地想到，我无法像本雅明那样说："书和妓女都可以被带到床上"。在某些问题上，我的懦弱是有根据的，我抵制着对我而言最后一个恶俗的时代，有些书大概可以说它远不如娼妓，当然，现在你不必——列举，你已经疲倦了，那是过去的梦想，不多的血，已经过早地在被预设的结局中干涸了。现在，我也已经转过身去。

有时，需要认同的，往往早就在你心里滋长着。我看不到别的，我反反复复地摇晃，最后更易于倾倒在自己用力抵制的事物上。那些光环，荣耀，被认可的价值，可诅咒的一切，现在都摆在你面前。

2

现在你已经返家。你急于倾吐在路上思虑的一切。但是上楼时过于繁杂的台阶，多少耗费了那些并不可靠的思想。你是枯燥、跳跃的，坐在桌前时却已经变得麻木不仁，你对一张桌子的依赖割断了对生活的热情，也许在喧嚣之中也听不到呼救之声。继续吧，这是私下的解决，是自己给予自己的一个肤浅的微笑。

一个人在暗处，有更多的怨恨，这些怨恨具体而真实，就是这样，大家都看得清楚，并不复杂，但所有的解决之道却是不可能的，那么就继续消耗吧，我说的继续其实就是一代又一代垂死的状态。你不必挑剔任何的局限，局限背后是大局的溃烂，在溃烂背后是坚硬、冷漠、自私然而又极为抽象的脸，它掌握着大局，它的任何一个微笑都是致命的。正如本雅明所说的那样："模糊不清，阴影重重，迷一般地缠绕在一起了。"

我不能说我诅咒着这个世道，这样说是危险的，不健康的，我自己也抵制着任何这样的冲动。可是，我又该如何表达呢？我经常会显得犹豫，克制，甚至语无伦次，看上去其实只是我自己使生命变得这么不快乐——今天我愿意从上午就开始誊抄一本辗转借来的古籍，我会"忠实地遵循书的指令"，我会感受到生命的被开启，放松，解脱，我会收回视线，把所有的眼神集中在一个又一个文字的流动上。我的身体在上升，在放弃，总之，我希望度过一个晦暗的时刻，我把这样的时刻看作是一个梦境。

3

我是一本刊物的校对者。

这不是梦想，而是功课。我尽量不出差错。我知道忠实意味着什么。

生命是虚弱而卑微的暗示，生命更适于被安置在固定的位置上。现在我不想谈论活力和责任，我是另外一个人——我是一个自变者，我耽溺于一个又一个跳跃、变化。生活就是一种隐喻，现在丧失成为另一种获得。

当我独处，内在之眼使我变得富有远见——唉，有时简单的幻觉竟然使我如此快乐，我试图使自己又一次站在"虚无的边缘"。

每一天都是一个边界。我从来就无法透彻地说，这就是我所等待的。每一天我只是衡量着自己的脆弱，最重要的原因也许是它是适宜的，保留在心中，算是一个不错的自我之锚。

漫长的冬天，一直延续到 3 月仍然潮湿不堪，不管怎样，我记录了一些季节的颜色，看上去就像这个季节某种特殊的操作，现在暂时被放置在一本刊物的某一页上。

无力想象

冬日，更透彻的阳光，晃动的车厢，把我带到闽江边上。平庸，下定决心，决不以自己任何的姿色吸引人的城市。你就生活于其中，每日的阅读，几乎时时感到绝望的情绪，其实也是多余的。平淡的痛苦就淤积在身体里面，成为一种身体的素质，奇怪的识别器。

我为什么会如此强烈地感觉到自己的多余呢？这个城市并不排斥任何人。它实在没有炫目的特征，夸张的排场，精心演练的造作，它融入狭窄的小巷，混杂的口音，举目皆是的平凡的丑陋，它并不异化，所有折磨人的细节也难以激起有力一些的愤怒，它甚至是合适的外景，拖你下水的松弛——但这一切实在无关紧要，我仍然是多余的，我是自己派定的一个编外的失落者。我不变的只是对变化的期待——说来可笑，这是我唯一的活力所在了。

但是活力所给予我的另一层意味却是，痛苦但不要绝望，愤怒但不要偏执，有所期求但不要狂热，即使不断地走下坡路也不要回头瞻望，我并不愿意只能在怀想和迷恋中而滋生更多的自怨自艾。每日经过的街巷，扑面而来的尘土，彼此相似的面孔，我是那样出奇地知天顺命，安于无所变化，重复，停滞——我思考，在清晨和黄昏都是清洁的，夜晚，也许我也将融入黑色之中。

有一天我奇怪地写道：当你一走进教室，你首先看到的一定是桌子，要不然你心里就会空荡荡的。

如果一个城市过于整洁，你会不会感到反而不能适应呢？一种强制，如果突然在空气中消逝了，该有多少人失去生活的方向啊！

我越来越不相信文字，就越来越倚傍文字而活着。我是所有事物的对立面，或许，仅仅需要一种被放逐的境遇。现在我的办公室在30层楼上，我看到蒙蒙的远处，既不知道，也不相信，这就是我在地面行走时的同一个城市。

我的顺从，2004年末的缅想。又要翻过一年了。又要在冬日作一种几乎就是从生活中逃离出来的自我清算了，因为惧怕，而格外陶醉——我就是时间的囚徒，活着，任务就算完成了。

温暖的冬天最适合的就是找一块草地，正午时走来走去，恰当的松软，质感，可以看着远处的树木，竹林，人影的晃动，还可以想象傍晚时炊烟从竹林深处升起，想象人的生活，想象一只狗热烈地喊叫，想象童年，一切都刚刚开始。一块草地还是很容易找到的。

多么荒诞的低咏：一切都刚刚开始。我这是向谁诉说呢？其实我并不愿意重新翻开这一幕，我真不知道自己的人生该从哪一年开始才算合适，可是这哪里是我能做主的，现在却要经常回到那里去，我是记忆的吸吮者，有时不得不说，我总是另一个人。任何理性的思考都是徒劳无益的。

所有的记忆都意味着一种强制。我们不得不生活得像我们所不愿意的那样——你如果憎恨痛苦，你就一直生活在痛苦中，你如果渴望爱情就一直得不到爱情，我不愿这么说，但这却是可能的。

这一刻我就是自己的强迫者。在强迫、压抑、扭曲等种种状态中你仍然可以表露心迹，显得无辜而脆弱，你想着也许有人会来拯救了。

当然你也可以想到，为什么偌大的草地上只有一个陷阱，掉进去的却总有你呢？每次灾难临头，我们总是自然而然地想到这一切，我们承担了责任，并不情愿地分走原本也可能属于别人的忧愁。

我一直在路上奔波，路上的动荡、危险、不测也成为生活的一部分，当我这样说时，我已经离不开这些了。我坐五望十，有时甚至也不指望有一天你特别憎恨的禁锢、主宰突然解除了，因为一旦如此，空虚感一定会乘虚而入，你真不知道自己最确切需要的到底是什么。生活啊，总是一路彩旗飘飘，你对什么都不会太有把握，你晃动着到达的一定是你要到达的车站，站台，推开玻璃门，一看，开阔的街区早就等在那里了。那么，我们就继续上路吧。

我们在行走中总会找到方向，要不然就转来转去直到筋疲力竭为止。有一年初夏的深夜，我就在厦门杏林的道路上这样寻找着上高速公路的入口，我看到了夜雾的升起，听到了越加热烈的虫鸣，我甚至怀疑有人对我施了诅咒，直到发现车辆在不知不觉中已经转到另一个城市漳州了，才松了一口气——这也不错，你想要的，总是能得到。

有位作家曾把这种感觉命名为：感恩。

那位在 2004 年 12 月 13 日从公共生活中消失的年轻作家 J，他也会这样认为吗？我在一个小镇的旅馆突然获知他最近的消息，一时感到有点惊慌和无助。我知道有人一定期待并预知了这类的反应，他的目的是达到了。

清晨的阳光给你的感觉简直过于清澈了。阳光是一种理性，也是慈祥的爱，我不会在这样的早晨到哪个部门去验证自己的身份，尽管我时时都有这样的冲动。曾有一些年，作家肖斯塔科维奇总是把行囊收拾整齐，呆在家中等待着某一个特定的时刻到来，死之前他透露了这一切。现在还有人这样等在家中吗？但是今天我一想到这样的任务，便哑然失笑了。

我所有的缅想都是短暂的，仅仅属于一个人的。

2004 年，一个盛产煤炭的城市某机构负责人，不知从何处了解到了我的"演讲才能"，几乎非要把我请到手不可，但很快地就从我的讲演提纲中嗅出了一股比较特殊的气息，他消失了，他以这种方式完成了对我的鉴定。他一定会不知疲倦地寻找着下一个。幸福使我们努力去理解正在思考的问题，我们正在经历的，几乎就是我们所渴望的。我细细地，但时常也是有心无意地把一些浮想记录在册，这样做大体出于惯性。这些恰当的工作。

我常想我居住在屋子之外，一定不同于安居时的所思所想，不稳定性加深了我的疑虑，我的疑虑是晃动、零散、含混与郁闷的。

有一天我看到这样的"动物福利宪章"，知道动物享有的"五大自由"：

> 不受饥渴的自由；
>
> 生活舒适的自由；
>
> 不受痛苦伤害和疾病威胁的自由；

生活无恐惧的自由；

表达天性的自由。

我对这一宪章产生了几乎来不及细想就有的感佩。其实它也可以张贴在我们所有的公共场所，尤其是从幼儿园开始的各级教育机构的大门口。

一批乌克兰的猪被长途跋涉运到了巴黎，却被巴黎有关当局拒收，理由再简单不过了，因为在60多个小时里，这批可怜的客人竟没能得到应有的休息，这是不符合宪章精神的。

我所阅读的文章没有告诉我亲爱的猪们后来的事情，但我想知道。我能上搜索网站查找一下"关于一批乌克兰运到巴黎被拒收的猪后来的下落"吗？这是多么值得继续问寻的消息啊。

经常（尤其是写作的时候），我总是以为自己就是一个写作者，我的生命不在场，或许在场的，仅仅是我生命中辅助的一小部分，这样我信马由缰，便只是一支笔的游动，它所到之处都是合适的，它挺立愈久，愈像一次虚无的旅程——我什么也没发现……

窗外一棵白玉兰。我惊奇于它的枝繁叶茂，多年来从未如此细致地注视一棵这样的树。

所有细致中都包含着恐惧，这会儿我站在窗口就是这样。

铝合金门窗在阳光中"咔咔"作响。昨天夜里竟然也是这样，树却是不动声色。或者你只是不知道它在想什么。你对它会有一些猜测、假想，对铝合金门窗你不会这样。

强烈的阳光在冬日也仍然是值得敬畏的。我到达小镇时这类句子就反复浮现，现在我穿过街区，对同行的朋友说，就是闭上眼睛我也能凭着气味找到昨晚入住的旅馆，宽阔的院子，看上去像通道却只容狗钻出的小巷。木棉树即使不开花也是很庄严的，可是你对人却不会有类似的感想，说这话时，他们又三三两两地掠过你眼前，他们总是沉浸在某种绵延的状态中。绵延是一种幸福，一种垂死而圆满的自我抚摩，你不知道和他们相比，自己是不是已经死去很久了。

我永远不能忘怀的，总是少于已经忘却了的。

有一次，也许是初中二年级的下学期末，全校师生看了一场电影，片名我仍记得，但再也不愿意提起了。学校里布置人人写读后感，为我们班作评点的是英语老师，我还记得的只有他的第一句话："你们全班的作文都是抄的，但只有 Z 抄得最有水平！"

　　当时我并没有晕厥过去，多少年来我时常感激涕零地期待着这样的光荣时刻重现。我不得不沉浸在一生中某些命运转折的重要关头：它先是微不足道，后来却像艾米丽的兔子洞——即使我无所谓，但最终发生的一切也不是我能控制的——想想吧，在一个卑微的肉体中所有的荣耀都是被放大的，对一缕光明的渴求，却导向了对苦难和怯懦的否定。

　　我曾经写过《唇舌的授权》，不经意间完成了生命中一些特殊片断的记录。也许今天我再也不会有那样的写作信心了，率真和诚恳从来都是稀缺的，即使我拥有过，现在也已丧失。

　　我晃荡在另一条路上。

活得匆忙

当我要在一篇文章里琐碎、反复又摸不着头绪地谈论自己时，我是怯懦的，我几乎不知道如果不这样做是不是就陷入一种可怕的无所适从。很多人喜欢自诩能够独立思考、独自承担、独树一帜，其实没有多少人值得为自己自豪。绝大多数时间我们要么暗中为自己算计，要么就是像狗一样温顺地摇尾巴，充满恐惧地注视着什么事物或者专注地倾听着某种奇怪的声音。我们内心鄙俗而强烈的风暴总是时时刮起来，让危险带着我们，危险使我们变得更为精明、言不由衷、乐于享受，屈服于每天具体的生活，把生命的短暂变成一种妥协、自我溃败的理由。我们，每个人，都可以像粉笔灰那样，轻轻一擦，就消失得无影无踪。危险练就了我们特殊的嗅觉，一双容易哆嗦的手。

我要坦陈什么？我的经历几乎不值得记录下来，十年来我竟然一直在学校间行走，一个个走廊，一间间教室，已经记不清楚多少面孔进入我的眼帘，说这些实在毫无意义，这是生活的一部分——无数相遇、意外、美好或者骇人听闻的故事，就是描述它们的词汇也显得过于贫乏。也许我早已疲倦了，只是还来不及找到合适的人，对她，既不像男人也不像女人般地，幽怨、缠绕、哆哆嗦嗦地一诉心曲——我为这样突然冒出来的念头略略有点吃惊，可能它就一直隐藏在那里，现在突然间有了一种恰当而富有勇气的显露。深深的罪感总是萦绕不去，我确信深受自己无能之苦，我们对所有的威胁都太敏感了，肯定有人乐见这样的状况，肯定有人正在用尽心机不断增进一种普遍的恐惧，他已经达到目的了却仍不愿就此罢休。

显然我并不是说着说着就陷于某种怨恨，我能对谁生气呢？我必须承认很多状况都不可能改变，它不是今天才发生也不可能就在今天结束，所有的死亡都有漫长的回声，况且它还没死，它还活得很好。我们必须意识到很多罪恶其实也是活的，活得很茂盛，有广泛的适应性，有持久的生长期。我们还完全不可能坐下来谈论它的任何遗产，现在更大的问题其实是我们只能等待，尽量争取长寿，盼着看到变化，同时把自己已经认识到的属于自己的罪恶掩藏起来，尽早遗忘，然后继续参与到更广泛更合法的罪恶中去。我们是矛盾体，感受着一切，并不情愿花太多的时间去省思、回味。我说的是一个事实，至少看上去像是一个事实。不过，你也不可能太当真，我们已经说惯了假话，常常就是能做到不假思索地撒谎，这是生存本领比较重要的一部分，学习已久的功课，现在即使什么都不说，我们也是不诚实的，因为不撒谎的另一面并不是诚实。我们已经把很辛苦的一件事做得随心所欲，自己都感到恶心，却仍难以放弃。它是一种存在，每个人得以生存的谎言共同体。事实上，并不是我们把罪责分派出去，自己就无罪了，没有这么简单，更确切的情况是我们至少已经把这样的本领通过各种各样的途径传给了下一代，其中学校和家庭是最主要的学习场所。谁能说不是这样呢？谁能够是个例外？

在这个共同体中没有人让我们觉得陌生，我们彼此相似。太相似了。我们用力生活，或者只是虚假地挣扎几下，在苦难面前没有痛苦，只有怨恨，也许这样就对了。我们像极了自己派定的角色，所有的体验都不具备什么正当的意义，一切都是过渡和铺垫，历史仿佛出现一个特殊的浅薄的空白点，既深不见底，又毫无根基，就像大多数人强烈地憎恨着现在，但也不把目光转向未来，因为没有未来。未来已经提前进入死亡之中。

2

我对谁说着话呢？一棵树肯定比我们诚实，无论何时它都沉默待人，生长得很有耐心。树不制造假象。树也不会注意到有人每天对着它想七想八的，当它在我的注视之中时，我仿佛要不停寻找着有价值的记忆，我要逃到记忆最深处去，既摆脱自己又找寻自己。现在让我重新适应陌生的世界已经是一件很艰难的事，但是适应却是生存的功课。无论何时，时间总是不够，耐心也是如此，我们一直无法学会带着感动去细致地生活，我们看不到脚下的土地，因为它已经被一个虚幻的身影遮住了。

不管怎样，我将继续着对自己的旁观，倾听那些无法确信的个人的声音。你的热情不可能用在别处，你也知道所谓的别处至少是不存在的——我宁愿用一种消极的眼光看待具体的生活，愿意停留于无知和表面，不需要任何的教导。我不停地絮叨，耗费着自己的精力，在内心完成没有对象也不可能取胜的抵抗。是的，这是对生活负面的参与，我获得了一种并不存在的洞察力——只用于生命的间隙，倾听、自恋、书写、沮丧，有时我把自己想象成了一个受害者——没有家的状态，没有值得追寻的价值。你得承认，事实上，我们并不反对这样的自我描述。

3

费心地找寻从每日琐碎的生活中失去的对生活的眷恋，我思考得太多，但不会因此变得更为清醒，有时候则是在自己的废纸上愈说愈起劲，似乎找到了一种自我释放的方式。我知道我一直匆忙地奔赴下一个日子，我从未拥有过自由，从未放任过自由的思绪，从一开始就未曾获得任何权利，甚至我也不再知道还能拥有什么权利。毫无权利不再是一个问题，如何掩饰、隐藏自己才是一个问题。我不时声称：我不再期待，仿佛害怕别人不知道，好像更真实的事实、更本真的本质只能是，你可以继续生活，没人夺走你从一大早就开始的对自己的厌倦。现在，我不清楚还想接着絮叨什么，生活着是对生活的模仿，一种自我鞠躬，在虚假和逃避中对自己本性的拥有。

这是我的悖论。分裂的文字代表不了我。我却代表了一种分裂的状况，我总是疑心自己的生活似乎还没有真正开始，这是很奇怪的念头，也许我不关心现实，不关心真假，我总是错了，总是在重复，我成了自己生命的表演者。现在起立，奔跑，把自己打扁，把自己踢出生活，然后，坐下，开始讨论你的体验。你已经无处可以停留。于是有人匆忙地为自己写下了一句毫不相干的评语。

自己面对

我怎么躺着才会更舒服点？更舒服，身体回到放松的状态，身体返回古老的等待之中——哪怕是沉重的睡眠，也终归睡了过去。你用不着想象，这会儿，灵魂在场——我无法承认，这样的思考究竟使我变得多么不自在——总之，我回到屋子里，这个城市的酷暑使它仿佛和别的城市显得有些不同。

我惧怕这个季节。挨过它，其余的生活也许就变得更容易了。我为自己的陈词滥调所掩埋，这是我对付恐惧、厌烦、不安所采取的比较有效的方法。"有效"这个词在这里便有了非凡的意义，你知道当我不知所措时，我是多么无助，我轻如鸿毛，我笨拙地飘动。你想想看，在我们平静的生活中，掩藏着多么惊人的杀伤力，当危险逼近，你其实并不是太有办法的。

我也不知道我的工作竟然如此地日复一日，开始时，我总以为它很快就要结束了，它早就有结束的迹象，可是你想不到那一切都是假象。后来，我几乎害怕极了，因为我再也没有办法去想别的事情，那工作就像专门为我设计似的，我离不开它，看上去它好像也离不开我。我暗暗体察到一种幸福的滋味。"幸福就是彼此的依恋。"

当然有时候，事情会显得复杂一些。这是可能的。

这天下午，从电梯出来，我突然意识到等待已久的主题其实已经找到了。如果停下脚步，如果有张纸，如果看上去更像一个容易犯错误的人，我就可以写作了。我就是那个写作的人，急急找寻适合的空位，为一个句子伤神。好句子总是伤神。生活着和好句子有什么关系呢？可是，你挑剔，折磨自己，吃完芹菜水饺般腹胀。走在路上，想着要是不吃这盘水饺就好了，吃面条，吃小米馒头，但是吃了就是吃了。吃了就是走下坡路，身体的下坡路。我总是垮得很厉害，就像我自己等在那里，一下子就垮了。

彼得说：你还"做别别"吗？"做别别"是周宁话，彼得在那里考上大学的，然后成为我的同学，一起过了四年。有一天他突然说：你想"做别别"吗？后来我们总是使用这个词。只有我们两个人使用这个词。

我看着自己越来越渺小。渺小就是拒绝介入，渺小是一种保全，屈辱，或者就是保全。

我整天想着自己的事。我实在经不起风吹草动。我甚至不愿意也不能想象自己能够坚定地注视着你。我宁愿用余光扫过你，我已经培养了特殊的敏捷，我敏捷地退回。我是自己选择的一个词。某一个词，特殊的，说起来有一点低声下气。现在我坐在那里。

我已经逃出来很久了。

我一点也不担心。因为没有什么两样。我明白我需要的就是似是而非，我停顿在自己生活的世界里。

你如果怀疑一个步履坚定的人，你就肯定做对了。你总是有这样的能力。

他走来走去，一点也没有露出什么破绽。但是，正是从这里你开始了自己的怀疑，奇怪啊，我多么信赖你。

我也不担心自己颜面尽失，这不是我担心的。在我居住的这条街上，没有这样的问题。

我们彼此相爱，我们总是热衷于拥抱、握手，甚至别的什么，因为我们相熟太久，我们一样地流汗，一样地躲躲闪闪，却彼此拥有。这真是太好了。

我并不厌烦自己更像一只胆小的老鼠，我一直就受着这样的教育。什么样的教育只要做到位了，使受教育者甚至包括教育者能够变得安分守己，那一定就是好的教育。因此，一个时代，总是会更信赖自己人的。我如果就是一只具有亲和力，该害怕时就害怕的老鼠，我就比较容易被人家承认，相中。我就生活在自己的世界里，我的贪欲，我的恐惧。我看上去还不算太老。

我总是不具有叙事性。我着迷于某些能力的缺失。我注视着空气中的大人物，就想到他们乏味的私生活。他们真的还有私生活吗？——比如在某一次会议与下一次会议的间隙，溜了出来——唉，这样的想象比他们的私生活还要无聊，我们总是热爱那些小道消息，仿佛它们能够额外地赋予一些你所期待的温情。在想象之中，我们分享着大人物的私密。在城市酷暑时的空调房里，我安心地想着一些事情，我的双眸看上去也是温和的。

因此我已经变得特别让自己习惯。你总是首先会找到这样一个人。

今天下午，有一位女性接连 12 次拨通我的手机，每一次我一听铃声就知道是她的电话，后来我便一直生活在对她电话的期待之中。我不想去弄清楚到底发生了什么事，在我一次又一次拒绝接听中，我伪造了自己的焦虑。

我们并不需要做错什么。我们以为自己正在急速转变，我们只是更适合于在转变的假象中生活，恰当的速度使我们更易于保持心灵的平衡。惯常，我的思考总是零零碎碎的。

通常我们最没把握的事情，就是我们到底幸福不幸福，怎么说呢，你几乎要为这样的问题发愁——真是一个问题，但却毫无价值。我在城市里转了一圈，我知道我的生活质量是很成问题的，但一旦跨入城市的边缘，另一种生活却让我更为震惊，"我们还算是一个高贵的生灵吗？"我沉醉于一种被打败的思绪中。我得的只是轻度抑郁症，或许情况正在向好的方向发展。我努力控制住自己。

可是谁长久地让我处于亢奋状态呢？我老是要与过去的那个"我"决裂。读书把我害苦了，我激动，思虑，偶有所得，我又发现了生存的真相，总之，一切都是有害的。有很多错误，因为它基于根深蒂固的利益，这些错误就成为生活的原则、常规、惯例，成为我们首先要适应、顺从的病症。也许，从此它便不再是一种疾病，对它的质疑倒是不应该的，甚至是危险的。有时我便身处自己给自己设置的边缘，我常常探头注视那令人眩晕的深渊，我看着看着就为自己感到悲哀。

这些年我都做了什么。有时我会对自己的胆怯作一些反省，其实我是无法克服自己的胆怯的。我的童年过得太不幸了。这个民族的童年没有阳光。爱因斯坦说："负担过重必然导致肤浅。"太多的屈辱必然导致憎恨，太多的挫折必然导致心灰意冷，太多的纪律、规范必然导致活力和创造力的丧失。我一直身处一所学校，却再也听不到歌声了。我仍然可以找寻我的足迹，我看到一张张和我一样惊惶、凝重的脸。其实现在，就因为我们一直未能顺理成章地成长，我们的心智始终就是残缺的。失败或者胜利，几乎都是一种病态。

> 有些东西像黑夜，尖锐的
> 舌头更甚于
> 昨天，甚至明日。
>
> ——保尔·策兰

对于有些东西——我们既不会绝望，又不至于兴致高昂。我要找一个恰当之词：阴郁，或者是压抑，郁闷，或者我们惯于生活在毫无自由感的"安全状态"，已经不知道能够刺激神经的仅仅剩下金钱与性——我们也许还能吼叫几声—— 一根"半盲的刺"（保尔·策兰）扎入虚空的肺，那里全是无聊的泡沫。

现在我简直只有原谅自己。笨拙的，时常重复着，好歹能够获得一种自我平衡：活着，恰恰就是不快乐。

我涂写一些文字，从来就不知道为什么要这样——这些文字便只有自己认可的价值。挺可笑的，我还会想到它的价值。

现在我坐在书房里，我信赖自己的感受，也信赖这张宽阔的桌子。我曾经和我的朋友阿廖说过，这是一张能够生产文字的桌子，我不能不洋洋自得地制造一些可喜的垃圾——幸好，尚未暴露在外。

有一天，有位自称是教育农妇的女老师询问我，在假期又写了一些什么，"你在假期总是写一些比较大的东西的"。这样的询问也许带给我合适的压力，"比较大的东西"，我也无法知道它是什么，但它却潜伏在那里，只等着我去把它弄出来。我确实还是喜欢"比较大的东西"的，它有更开阔的遐想的空间，现在我就想着这件事。

世界上有太多你无法进入的情感，最无法确定的也许就是人应该怎么生活。W是一个有着仙风道骨般外貌的学者，他的忧郁与悲伤却只为部分亲友所知晓，但谁又能帮助他什么呢？有一天外出归来，因为怀疑身上携带着可疑而危险的"病菌"，妻子要求他把两斤的醋喝下去，W竟然就喝了下去。这是W亲口告诉我的。你忍受了不可思议的病态，病态就是你的生活的一部分，甚至就是你的生命本身。生命中没有什么不能忍受，有的只是我们所忍受的各不相同，这种各不相同构成了世界的多样性。迷人的，意想不到的生活总是等待着我们——对新奇的渴望使我们经常探出瞭望的头颅，对毫无变化的生活的适应，又使我们更加眷恋自己的床铺。

我总是在旅馆的"新床"上翻来覆去，漫漫长夜有足够的时间可以怜悯自己。

这是微不足道的小情调。

有一个女孩子告诉我，她最近不时梦到我，白白胖胖的像个天使。太好笑了。接着我就感到不安了，不知道为什么我总觉得被人惦记是一件可怕的事情。也许我隐藏得还不够深，我害怕的就是暴露在外。

在福州几乎没有任何幽深僻静的小巷，也几乎没有绿树成荫的宽阔大道，更不要说那些望不到边际的草地了。这一切构建了某种文化。

现在让我思考一些深沉的问题。
我总是迷恋着深度和不确定性。
我这样频频地梦见你，
梦见我走了这样多的路，说了这样多的话，
这样地爱着你的影子，
以至于你，再也没有什么给我留下。
——罗伯尔·德斯诺斯

从某个特定的时间后又度过了15年。那个特定的时间对于我仍然是非常重要的。从那一天开始，我的眼眶中就有了更多的泪水。

记住一些耻辱，记住巨大的震惊。

我来不及转向的灵魂，变得更为笨重了。我只在梦想中低低地飞翔。我为自己保留了一个难堪而不幸的姿势。

S对我说：我忍受不了你的电话，你的问候太真诚，反倒是一种伤害。

可是我不真诚又该怎样，我，我只给自己打电话总可以了吧。当思念开始，当寂寞缠身，我就给自己拨一个电话，一定会有人接听的，没有伤感、敌意和冲突。那年夏天，在酷暑中我来来去去，到两个都暂时属于我的办公室。我想到，在这个夏天，在忙忙碌碌中，我是自己事业的失败者。我对自己的失败是那样地低声下气，我不知道为什么更容易一开口就是这样地低声下气，我再也无法作出什么样的辩驳。

一位可敬的女士说：你因为中年而陷于无知与困惑。

"需要分析一下，我们对黑暗的承受力。"当我这样表达时，就把"黑暗"作为一种比喻了，于是它的局限也就显现出来——这一切仅仅是我个人的感受，是我的一种乏力的表达。黑暗外在于我，黑暗也是可以接受的。这也不错。

凡·高说：我要去找一个女人，我不能够活着而没有爱情，没有女人。凡·高经常因为这样的冲动而"浑身发抖"。于是他记录下了自己的每一次"挛痛"，这几乎就是他艺术的全部。

总是有人自鸣得意地告诉我：我选择了中庸。每一次我都想大声告诉他：见你的鬼吧！可是我为什么每一次都克制住了自己呢？

我们总是要和太多的人谈论人生。卡夫卡说：我再也不能活得像自己了。

不过用不着害怕，每个夜晚我仍然可以像茧一样吐出互相缠绕、麻木迟钝、"就像什么都没说"的语丝。我长久地热爱着这样只有一半的灵魂还活着的生存，"一半"已经是很好的了。

我的同学尹，同窗四年我对他并无任何的认识，他消瘦挺拔，黑发茂密而富有光泽，总是背着书包走来走去。15年后相聚，恰好我和他住同一个房间，连着两个晚上我们都谈论通宵，我们彼此发现了一些"真相"。比如，他竟让四年级的儿子离开学校在家自学，就为了孩子还能有"片断的童年"。和尹的重新相识，居然使我产生了类似"孤独并非坏事"的感触。是的，无论我是谁，我都想确认我到底是谁，我纪念着什么，在我的灵魂里有什么嘶鸣不已，仿佛我总在等待，有一些人走进我的视线，带着他的热度以及虚无的声音，有一些事件仍在那里重演，你不能用一个词代替另一个词。也许是那个叫普鲁斯特的作家说过："悲伤是自私的。"他说得不错。

2003年我开始掩饰年龄，总愿意躲闪着说我已经很老了。童年时为生存所迫我用了太多的心机，老得太快，现在则相反，永远惊惶地回望逝去的岁月。就像某人一样吁请：我还有很多事没做啊！如果去掉"啊"字和感叹号，这个句子几乎可以作为任何人的墓志铭，最恰当不过的。

可是我是谁？我曾经说自己是个零，是因为印刷质量不佳看上去有点像顿号的逗号，一个有智慧的中年小丑？也许现在我希望的仅仅是不要在毫无知觉的情况下突然死去。我必须亲历死亡，缓慢的、日夜侵蚀的、越来越迫切的死亡。但是，维特根斯坦却说：死亡不是生命中的事。死亡无法为生命所知晓。也许，我想要的就是较为"可靠"的一个信号，像地狱使者吹响的号角。

我重复着自己，重复着作为亲历者所受到的刺激与震惊，我是更敏感还是近乎麻木的愚钝？简言之，所有的目击都是不愉快的。我一直关注的一个山区的女孩子，秋天就要到福州读大学了。昨天，她的伯母打电话给我说，每学年五千多元的学费，加上书本费、住宿费等其他费用就要八千多元，她们只给她筹到七千元，而生活费是需要女孩子自己想办法的。这些情况是不是算不上太坏？只是今天早上，我坐在办公室里想到了，我琢磨着把它记录在案。我想着教育的种种事件，每一次都来不及作出判断。那年我到山城看望当时还在读初中的这个女孩子，她的瘦弱、苍白几乎让我落泪。可是一位时任校长的朋友却告诉我，这个孩子还算是幸运的，她的同学中至少有一半比她更可怜更悲惨，你说你能帮多少忙呢？

其实，现在我已倦于记录，衰老越发加深了。我更愿意呆坐，在夏天我是笨重的动物。

夏天，摇摇摆摆，好不容易下了一场雨，急切，短暂，接着又是烈日当空，我为什么还在路上行走呢？

当你走出家门，你就几乎不可能保持内心的坚定。只有家是平和的，你却乐于呆在其他什么地方。每个人都在影响你，看来你无法离开这些影响了。

亲爱的父母

我原谅你们生养了我,

生在喧嚣的小镇,

目的本是好的,

走过这条街,

我仍可见到残存的阳光。

——R·S·托马斯

没有谁需要我原谅,大体而言这不是我的问题。1995 年之后我开始比较认真地注视教育的现场。我没有想着成为教育研究者,这是我不严肃之处。这之后我越来越失去幻想,我马上就能做到谁都可以听懂我的教育讲演了。一个出奇的有耐心的人,这样的目标是我自己设定的。所谓教育生活便是你始终相信你的工作是有意义的,你是新文化的建设者,你为现实而活,你肯定也可以为历史而活。一种深情的人类的语言。

这些想法被我认真地"播撒"在一些"教育的角度",我根本就没有来得及考虑会有什么样的收获。"生活的一切不过是一个梦"(佩索阿语),有时候我也会仔细打量我所做的,坐在外出的汽车上,看着窗边的风景,我也不知道真正能够打动我的到底是什么。

有时候你可能会有一种奇怪的预感,更多的时候却是茫然无所知的。现在我惧怕什么呢?中年生活,越来越无法理出头绪,最后只好陷入具体的生活的谋划之中,为一件又一件工作的完成而忧心忡忡,"我选择走的"是人多的"那一条"。

"中年的黑暗",这样的说法是有说服力的,虽然略显笼统,但对我这样空闲时乐于胡思乱想的人而言,仍然可以带出很多的话题。

2004 年的夏天,我经常为工作、为某些不期而至的困境头皮发麻,这时,我才算第一次从身体意义上理解了"头皮发麻"这个词,这样的生理反应让我很难过。我怎么就这样被动呢?我会用佩索阿的方式来帮助自己吗?

"面对着自己,我有他身之感,也许我宁愿自己就是另一个人?"

我不停地和更多的人相见,我能够在见面与交谈中把自己生命的气息传递得越来越远，以至于最后恰恰有可能成了无法预想的另一个人？我们从有生命的意识那一刻开始，便乐此不疲，我自由了，我并不厌恶政治，也不憎恨国家，我的情感在这些方面是稀薄的，在我的房间里，我的睡眠中，我就是另外一个人。

每一个人总会在某些方面显出特别的心机，我观察着自己，思虑着他人，为微小的发现而自得。这一天没有白过，这一天陷于自我怜爱之中。史怀泽认为人不能因为相互亲近、志同道合就以为自己有权利探视对方的心灵，应该让心灵保持永恒的神秘和私人性。对心灵的小心翼翼构成了史怀泽敬畏生命理论重要的一环。今天中午，在一次热烈的讨论之后我突然想起了他的教诲，遥远的声音。

智慧并不在我的身上。

愿在睡眠中的我也能有祥和、纯洁的面容。这个夏天，睡眠是我渴望的主题——睡得好的并不一定是天使，但天使一定睡得很好。我也乐于用睡眠的眼睛来注视这个世界，如果真是那样，世间万物想必会神奇得不可思议。美啊，只有你能够停留。只有你是我睡眠中的世界。诗歌不过是它的一种表现形式。

当我在心中把甘美的诗篇温习三遍，当我在心中把恋人的手温习三遍，我看见天使们在庭院里飞来飞去，一只蓝色的羊站在厨房的窗台上咩咩叫唤，仿佛从地里渗出的苦涩的清香。

——录自旧作《晨霜》

我常常小题大做，只不过，这也是对的。你既然无法想象还有什么"小的工作中做出的大格局"（萨特），小题大做便是自我调整，把一件没有价值的事情做得更长久一些—— 一种消磨心智的方式。我在书写，在纸上倾吐，饶舌便成了一种生活，无关痛痒、举止得体、自觉地从生活的边缘消隐的一种生活。我一下子变得轻松，因为智慧已经离我而去。

我是自己最熟悉的一个人。另外一个人。

每天一个转念

必须说的是：你仍然无法面对。

你所有的文字都貌似轻松，实则狡猾地与真相擦肩而过。你反反复复思忖的其实只是"安全"问题。死的阀门，一个简单的结论。惧怕的不是死亡，死亡是不可预知的，同时因为不可预知而变得遥不可及。

你的文字没有建立起真实的自我问询。

有时，你为自己写不出一个字感到恐慌，面对着白纸，就有点反胃，为什么要写下那些文字呢？却又想着已经很长时间了，拿不起笔，面对书籍也马上陷入烦躁，不知道惊慌的到底是什么。

潮湿的春天总是有一股烂苹果气息，汽车驶过，焦躁的声音就像一阵疯狂的雨，持续着，脑袋里一片空白。

并不因为我是一个失落者，我就可以花更多时间细细地回味，不断地撕开。

伪造轻松、镇定，伪造你可以脱离开办公室生活的错觉。"一切都是伪造的"，你可以很直率地承认这一点。

现在我坐在一间阴暗的办公室里。我已参观过两层的书库，我没有仔细看结实的钢架上摆放整齐的书籍，女管理员看见 H 带着我走进来，甚至头也没有抬起来，她坐在电脑前，我快速闪过一个念头，她就是像 H 所雇佣的人。然后 H 把我带到他的办公桌前。我在落座时，就盼望着能够早点离开，我知道 H 会怎么对付我："你朋友这篇文章在这里刊发肯定不合适，不过，你老弟，……总之，很困难，你知道……当然，还可以讨价还价……我每月都和 K 一起到河边放生，就希望更松弛地生活。这些书马上就转手了，连杂志也将……这个世道能做什么呢？我有点怀念以前在……

日子……"声音消散之前，我已经走在街上，我从来就不是目光锐利、头脑冷静的人。其实我并不乐于记录，我经常听见一扇门在我身后"砰"一声关上。一条空旷的街，我想着它因为毫无意义而变得空旷，一边走着，我只是像一个人，一个自己并不存在的人。

很奇怪我竟然乐于记录下和 H 的见面，我们已经若干年没有坐到一起了。生活中的怯场与烦躁并不是他引起的，在这些文字中 H 处于一种无辜的地位，他是我某种生命状态的放大。当我回味时，我回味的就是自己飘忽的、低俗的，也不具备什么杀伤力的丑陋。我不知道生活的答案，但知道它的一些准则，这些准则轻而易举地压垮了我。

有一天，"还珠人"把远方的两位女子，带到了我工作的大楼，这件事让我惊愕，自卑，我要夸张地回想她们在大楼里看到的一切，她们看到的比我还要多，她们都是促使我小心地考虑自己形象的人，哪怕这只是幻影。

我知道自从搬入这座大楼，我的生活已经毁了，现在只是在不断地延续，以至于渐渐麻木，或者装作已经麻木。

我不可能再变成谁，我掩饰着这些失败感。

从失败中滋生出强烈的存在的意识——一件无法完工的艺术品。

我用力地写下、刻画，夸大之词。我知道再也离不开这里了。生活已将我捕获，钉在墙上，随时都可以使唤，凌辱。我知道我时常处于一种隐蔽的癫狂之中，只有我知道，我的时间是断裂的，这种断裂由我一手造成：呼吸或者屏气，潜入水中或者浮出水面。直率地思考也是困难的，这种困难在于，我们每个人几乎都参与到罪恶之中去，不是罪恶托付给我，而是距离感消失了，不再有警惕，有时还乐于接纳。只有一个声音催促着我们去赢取生活，无论何时它都有足够大的力量。

有时我知道那个你不必记住名字的人，怎么伪装都不过是个微不足道的小人物。作为小人物其实并没有什么不好，我突然想到，我们比较浅近的痛苦竟然也与这个小人物装腔作势、贪婪、有恃无恐有关。

行为造就本质。我唠唠叨叨的一切，其实从来就无法直言。舍斯托夫说，无所事事会毁了我们，于是我变成了一个饶舌者，围绕着一个无法言明的事物饶舌的人。在饶舌中加深痛苦，收取快慰，不停顿地确认着自己的工作。

这是时间对我日常化、日复一日的磨损，我清楚地知道不是我毁于一个时代，我只是在屈从，并把冰冷的恐惧作为生活的依据，有时挑战它，另一些时候出于无聊，出于习惯，恐惧成了我牢固的关联物，我收起即使在想象中也显得笨拙、可怜的翅膀，依附在这个关联物上——我有意丑化着自己在平静、忧愁、思绪联翩的外表下，隐藏至深的难堪与荒谬。我不关心有谁在这一刻用狐疑的眼光打量我，常常，走在街头，我生活的另一个场景，我深信，我们最终是彼此理解的。

五一长假的前一天，街上堵车了。我握着公交车滑腻腻的抓手，四周挤满刚放学的学生，一张张红扑扑的脸。我身体里涌动着一些感动。"在热烈的喧哗中有一种变革正在发生的信息。"当我回到办公室，就迅速地在笔记本上写下这个句子。

我是谁？我正在丧失持续已久的稳定性。

有时候我告诉女儿：你必须学会自卫。比如很多科目考试所要求的那一套没有多少价值，但是你没力量抗拒，你更需要的是学会辨析，既不能被压垮，更要积蓄自己的能力，这是艰难的任务。

一天下午，我到了女儿的学校。上楼时正好放学的时间到了，学生们和我交错而过，到了四楼女儿班上，她已经走了，退到楼下，从背影认出了她，那一瞬间受了感应般她也正好回头。我第一次踏进这个她们学校租借的校园。放眼望去，一片翠绿。我相信，无论如何严苛，人性在这里总是能够得以生长的，这是校园中最美的风景。当然，还必须看到，有时在巨大的压制下它只能隐约可见。不过，无论哪一个校园，"总隐藏着些许的慰藉"。

有时我说自己是个"童年主义者"，一辈子都无法走出童年的半径，不过现在，我好像获得了一种奇怪的恩赐，我把自己的心得与绵长的回味当作生命中可以承受的遥远的记忆，甚至我已经记不起那个屈辱的少年到底是不是我。

如果我们不能遗忘、淡忘，不能不知不觉地改写生命中某些艰难的时刻，我不敢想象，仇恨将会多么剧烈。

每一次回到老家，母亲总是会向我报告村庄里细碎的消息。最难忘的是，"村里裹脚的老人全都过世了"。我觉得这几乎也是我童年的真正结束。我夸张地体会到属于自己的童年的特殊的感觉。最近我甚至还发现，我童年时的树木差不多也被砍光了。一个我更容易理解自己生活的村庄，现在全然以一种新的面目出现在我的面前。

有时我的冷漠便表现在自闭、拒绝上，我整个身体都在往后收缩。

令我惊异的发现就是，我们生活在一个奇怪的历史隙缝中。

我不是否定世界的存在，而是没有办法肯定自己的存在。一想起城市之中的统治者，我就感到满脸羞愧。当我这样想时，我几乎无法忍受生活的连续性。我知道我所从事的是一种被称为"教育"的工作，可是我现在却几乎只能信任时间。当我说"教育是慢的艺术"时，不是对现实的妥协，我正遇上巨大的困惑。我从教育中总是读到与我"不幸的存在"如此相像的景象，我相信在这样的历史间隙中，我们艰难地生长，缓慢地死去，反反复复的思虑根本就理不出清晰的纹路。

各种各样的假定，有时是直逼眼前的沉重，有时则是不可思议的愚蠢的虚幻。

我找寻着一些句子，我没有放弃，是因为当这样的句子被记录在本子上时，我从中认出了生命微小的火焰。

我缺少"快乐的天赋"。我常常看到这样的自己。

总在返回之途，妥协与恐惧，改变自己的激情，改变生活的潜在可能性，对更多人理解与信赖，对生存无意义地思考，对极少数人厌倦、憎恨。有时我在倾诉，有时却是任何一丁点的想法也没有。当我于静默之中，我就想有一根很多时候还算柔软的绳索牵着我，我装着并不是这么回事，顺从地跟着它走。

不可思议的是，我住在一个公园附近，在夜晚偶尔会听到一些歌声。有一次S问我：你住那儿，听不到公园的歌声吗？那天晚上我就开始注意，天哪，我听见了，一首接着一首的激昂而陈旧的"主旋律"，从七点一直持续到九点半，仿佛一阵阵可怕同时令人畏惧的挛痛。从此之后的每个晚上，禁锢时代的欢愉就伴随着我，我突然联想到，我生活中的麻烦就在于生活本身。需要说明的是，这个略有些矫情的句式我偷师于一位著名的匈牙利作家。

S却从此对我有一种获胜的感觉，仿佛开辟了第二个"对敌斗争的战场"。喧嚣使生命变得狂躁而简单，变得更容易捕获。

现在我想着和钱理群先生在厦门翔安马巷小学的相见。每次与他通电话都有一个感触，先是若干秒的生涩，他的声音也显得苍老，然后很快就听到他朗朗的笑，我们便要谈到教育。马巷教师的课堂让他落泪，孩子们则认为他是童话王国中的一个老爷爷，他们总是自发地围住他。照片中的他比实际的人更像弥陀，平面的影像凸现了人的奇妙的面貌——似乎，他带着一个使命，公开地、至诚地传达，以便能够有补于世道，哪怕仅仅是极度微小的助益。他也像黄克剑一样，首先是一个纯粹的人，我几乎还想说，他就是一个圣者，在这个混乱的世纪，是令人吃惊的例外。有时，我要坦诚地承认，想到他们时，我眼眶会溢出泪水，既是怀念，感恩，也是，我自己知道还夹杂着羞愧。

有时，我安慰自己，我也正向他们走去。我逐渐感悟到和自己敬仰的人，和自己相似的人，和自己愿意同行的人在一起的甘甜，我"永存的灵魂"（也是夸大之词）既慢慢与生活剥离，又用心而徒劳地建立起自己的小领地，在想象中，在与同行者的互动中。有时，我还天真地相信，我正在对可憎的生活作出有力的冒犯。

我可以这样沉浸于各种各样的疑问与回答。

无论何时，你看到这个世界，总是会觉得就是这个样子。有时我坐在家中从窗户望出去，不带任何目的和问询，我看着就想到我正在看，只有一小块的天空，灰色、干净的建筑，阳台上的衣服，一些花朵，其实我也不在看。我知道是这样，你不会感到时间是停止的，不会感到自己正在被自己怠慢，没有，我也无法想到"公正"这样的词汇。不过有时我看到有些曾经不可一世的人物，现在和我一样在超市里心事重重地转悠时，我在第一瞬间会对时间产生信赖，但很快就不去细想了。

最意外的是，有一次我在医院的急诊室遇见一位以前的领导。那时他经常在办公室拍桌子咆哮，现在，我一眼就从他脸上看出了一种"死光"，果然几天之后便听到确切的讯息。不过，这件事还是让我吃惊不已，我真不明白我到底是怎么"读出"的。

有个词：窘促不安，写在我的生命之中，记忆之中。时常，我就在这样的处境中细细地咀嚼这个恰当的词。

我也想说，我持久的偏执就是，我始终是以底层和对自由肯定的视角拷问着这个世界，拷问着自己，我的生活必须时时地为敏感和坚持付出代价，我愿意承担这一切。

有时候我也乐于只把目光收束回自己能够看得清楚的最近的视域，你因此而丢弃所有的狂妄与虚妄，你会和一个脚夫一样只在自己的身体中歇息，你专注于今天，你知道还有明天，但根本没有去思量。时间总是流动的，我希望我的统治者年长于我，我仍抱着一丝变化的期望，就这么简单。这是经不起推敲的一个会持续出现的闪念。

我试图去喜欢我的城市，我的工作，甚至公园中每晚不可思议的集体"放歌"。昨晚十一点多钟我就想走到已经一片静寂的园中坐一坐，我喝了太多的茶，焦躁不宁，我想结束自己的写作，却不知该在哪里结束。常常是在虚无中起步，却总是要沉浸于自己的生存境遇，知识、梦幻、经历，所有的折磨我从不试图去摆脱它。

在北京短暂的停留

1

在北京一所银灰色办公楼的 27 层会客室，我动手写下了这个句子本身。这是一种开始。我看到北京很多银灰色的建筑，在这个陌生的地带，银灰是一种冷漠、生硬、不宽容的颜色。城市的色彩。我处于滞留状态，用心体验着相当复杂的身体的不融入，当你走动，身体却被许多复杂、难以言明的"物质"羁绊，仿佛它并没有走动，它的某种形态仍停留在原处，形成一种奇怪的拉力。

北京大概并不在思考，也不适合思考。它总是忙乱、炫动的。它总是抛弃、夺取，它聚集、融合，它是一个行动者。

但是我不会因为数日的停留就试图进入这个城市。我只是某个酒店的暂时的寄宿者。

2

人的一切能量总易于枯竭，智慧、思想，当其不处于"活性"状态时尤其如此。不阅读是一种可怕的疾病，它仍在四处蔓延。

可是，为什么会冒出这样的念头？在一个寂寞的夜晚我读书，却关切着有点无聊的事情。

3

林少敏从北京回来，询问我最近的工作情况。我说我"认命"地、自我设定地要"做小人物,做小事情,争取有小影响,对一小部分人有所助益",也就是成为一个"四小"人物。生命正在逝去,越来越看清楚它的底色,于是便要迎向它的渺小而踏实的可能性。仍要寻取,仍会躁动,仍时常身处失败,但是内心却明亮了很多。

4

从微小的明亮中看到人生的辽阔,它不在于要给你多大的舞台在上面亮丽地展示,仅仅是,有时你能够"见微知著",能够从细小的获得中品尝生命丰富的甘甜,在敏感、细致中时时有生命的大悲喜。

我渐渐地,开始对生命多了一种眷恋。这种眷恋很甘美,无论获得与失去,在你的"自我之镜"中都是深有意味的。我还常想,其实失也是得,得也是失,生命一直在不倦地逝去,一切都转化为体验,"永远的第一次","永远的最后一次",所有的重复也都不是重复,所有的面临都永不相同。在细微、沉静的期待中,心敞开着,接纳了曼妙的属于自己的流逝,变得丰富、充实、从容,人生的悲情往往便由此而潜滋暗长。一个过于忙碌的人是没有自己面目的,只有晃动的身影,他很多时候只被自己的身体带着四处奔走,他不再返回。

5

人的思想往往靠不住,思想总乐于向利益投降,利益是思想之轴,思想环绕着它回旋。因此是利益产生了思想,利益愈强则思想愈强。

我说的不是事实,是臆断,是另一句:"事实往往让人悲伤。"

我正受着刺激。

人总是片断,随机,持续,难以把握的。人是过程性生成物。

6

尊重思想,远离学派,远离组织化的团体,让自己成为游动的分子,没有中轴的转轮。

我乐于随意、故作天真地记录自己杂乱的情绪。

现在我仍滞留北京，仍是短暂的，用"假冒"的身份在工作。有时候我会感到奇怪，去体验去生活又仿佛身体不在其中的奇怪。愈加衰老的中年人迟钝的思考，所有的问题几乎都要倒向对生命紧迫感的忧惧。

不，我不在那里，我对自己发言，一些陈旧的词。

7

那些陈旧的词不会帮助你获得坚定。有时细致地去思考，总是让自己有所不安，没有成熟、执著、从容，你也并不渴望自己会变成另外一个人，没有另一个人，你在回避，往后退缩，有一种自己熟悉而细微的羞耻感，但你有意掩饰着，仿佛一切都很不经意，其实心里清楚由来已久的卑微现在又加上具体的窘迫。你更不愿意在现实面前作为一个真实的物体袒露，你感到那些细密的洞穴在众人的注视下，是可怕的，而且是令人后怕的。

有很多话语不适合在众人面前说。你总是有点可怜自己的角色，它巨大的反差既是你一手造就的，又是你吃力地使之获得了某种平衡。我想说的是，有时我喜欢独自呆在一个陌生的房间里默想，但是，常常当我暴露在众人面前时才由衷地从脑际闪过这样的渴望，那时已经没有时间了，我的另一种奇怪的热情正在被唤起，我变成了急切而沉重的表达者、表现者。

每次，结束时总是有点疲软，泄气，我太急于让它结束了，我也不知道这个时候更适合呆在哪里。

8

只有无处可退时，我才变得有点坚强。再也没有支撑物了，我把自己当作了支撑物，但仍会在内心垮下来，有时甚至我自己都不知道其实早就垮了，坚强的外表却仍然保留在空气之中很久——我看到了自己的幻象，这时我是一个惶惶不安的旁观者。

9

　　我真切地领悟到，几乎所有指向自己的文字都是自恋、软弱、做作的。可是仍然有很多的文字在那里诉说着自己。

10

　　有时我更愿意我的记录从事实的边缘划过。具体的生活是一个堡垒，只有远离它时，你的呼吸才能返回生命本身，破碎、灵动、令人迷惑。我便在自己的记录中进入了提早到来的遗忘。

被排除的人

　　不管去哪里，不管从事什么职业，我们都生活在同一个时代。在这个时代，不需要我们表现出多少才能，为自己争取多少空间，我们都太明白应该怎样生活、怎样认同、怎样受制，我们都太明白障碍在哪里，哪里应该绕开，我们在身体里安了一个又一个警报器，并精心维护它，我们最重要的工作几乎就是这一件，只有把它做好了，才能做别的，如果还有余力的话。我们大多数时间谈论的都是同一件事情，不是智力有多大的局限，而是智力自觉地限制在只能谈论这一件事情上，也就是我们必须避开任何的危险，必须认真而无聊，必须以为谈论的恰好就是那件最值得谈论的事情。我们几乎没有勇气明确地说这就是我们的时代。我们没有根基，没有依据。有时忧虑，有时烦躁，更多的时候却一切都无所谓了。心智似乎已耗尽、枯竭，更适于顺从、被摆布，如泥沙、如尘埃。既显示，又遮蔽，承担着生活，却无法承担自己的良心。一切都可以忍受，却怀着相同的、很少被思索的恐惧。

　　可是，是谁剿灭了我们的心智，甚至使我们乐于无知无识？我不知道在这个夜晚为什么突然获得了这些思绪，我明白有很多念头跟随着我，折磨着我，不，也许是我监视着自己，离不去的是那些语言，有时说话，有时不说，有时说着时却把自己囚禁在虚无和无望之中。我清晰地听到自己的声音，融入巨大的寂静中去，我根本不知道，如果我有所期待，是否可以大声喊叫，让声音盖过自己充满恐惧的身体？

　　我不知道我思考过的哪些问题还有一些意义，我奔跑过，跳跃过，我观看自己，道出身体中的真情，道出对恐惧的反抗。也许我也只是复述自己，如果没有勇气，我的灵魂就不在场。我不断地说，却常常言不及物，毫无意义，也许你什么都听到了，却好像什么都听不见一样，我们彼此隔离，却不可避免地成为同一个时代的失败者，微小、早衰、过于惊慌……

我不知道一个人能否抵抗虚无，抵抗本身也许就是一种虚无。最终的可怕的寂静。不断冲突之后对一切的顺从。我们停留于这个时代，仿佛就像另一个完全陌生的人。

路一直在走

　　路走下去，有多远？即使一直在走，其实也如同一步都没迈开，你不在这里，就在那里，无论何时总是这样。路不是用里程来计算的，用的是生命，到终结时，我们才知道早先确定的方向是否有意义，现在的归宿是否恰当。可是，何时又可以称为"终结"呢？一切终结都在生命之外，无法为生命所知晓，终结是一种空缺。

　　浮士德说，美啊，让你就停留在永恒的刹那。浪子唐璜的观点却是：美啊，让我不断重复着去经历它。也许还有第三种观点：我什么都没经历，我可以虚妄地想象。也许还有第四种观点：美本身就是不可确证的。这一切都是问题。在这个略有点寒冷的夜晚，我也不知道能想些什么，我变得有点唠叨。书是看不进去了，由于疲乏，杂乱无序，我暂时地把书收拢一处。可是每次看着它，我都会想到读书真是一种负担。

　　当你不读书时，你并不是另外一个人，你仍然是对不读书有负疚感的同一个人。

　　我们每天只能做着自己的事。早先可能没有什么意识，现在却时常会想到，把事情做得更好一些，其实也是不坏的选择。

　　我们便因此有了自己的选择，有了命运感，有时还会有一种对生活豁然开朗的感觉，仿佛某处的天光突然照亮了沉积已久的晦暗，仿佛谁暗中给了你一种奇怪的指引。

　　说"指引"也是不错的。无论你身居何处，与谁相处，你都受制于各种牵引。你生活在当下，并不是你自己一个人主宰着你的生活，你明白什么是"力不从心"，"身不由己"，但是又没有一个人能够分担你一丝一毫的责任，因为即使分担也是没有意义的。你最终是作为属于自己的一个人而活着，最终的一切谁都不能帮你挽回。你时时会不安、惶恐、不知向谁倾诉，可你能够倾诉的人，也总是像你一样。因此，你最后求助的几乎就是种种积习、惯性，你总是能够给予自己恰当的抚慰，总是说：我已经尽力了，我是无辜的，我喜欢的可能就是一张黑暗中适合的大床，夜晚过后是另一个黎明。一个人开始衰老，不知不觉之中，便时常有获取某种智慧的喜悦。

有个学者常常感叹：现在我越来越觉得起点就是可疑的，但我再也无法重新开始，更不可能有所省悟，我是自己的抛物线，我抵达的是最后的虚无。

我想说的却是，一切矛盾都是可以预期的，我并不热衷于这些，有时我思维迟钝，我便觉得我更像我自己，即使无所事事，我也不可能变得轻松。我注视自己，这便是一种微薄的快乐。

生活是一个零

也许我所需要的，仅仅是写下一些什么。

我生活，沉思默想，最终能够转化为一两个自己看来多少有些意味的句子。我不止一次地说过，"好句子"总是伤人的，其实就是生命之伤。更多的时候，我模仿着自己的生活。

不知不觉我已走在返回之途，我生活在"小地方"，始终保持着一种"小地方人的谨慎"，这个术语我抄袭自切斯瓦夫·米沃什，它太能说明我的境遇和心事了——也许它就是，一直是"我"说的。我从没有机会能够跳开去把这个"小地方"看得真切些，我必须承认这是一个不幸，这个不幸几乎也是地方生活的"魅力的一部分"。

我们日渐麻木，顺从，认命，热情枯竭，也许还日渐肥胖，只好对自己的形象作一番新的评价。

既没有持久的活力，就连怨恨也变得短暂，不可靠！我要什么更靠得住的信念，让它重新燃起来，照亮剩余的生活？

有时我会奇怪地想到，在具体的与任何一个人相对的生活中，我显得更为乐观些，并不是我伪装着自己，而是，具体的情境，自然而然地带给我应对的情绪，我便几乎暂时地忘记了生命之累。这其实是完全可能的。

也许可以这样理解，每一时刻我们都站在自己并不知晓的生与死的门槛上，我情绪低落，自傲，冷漠，无所适从，言不由衷，自我厌倦，失去对自己的信任，总之，这是一个晦暗的时刻，然而，什么时候我细细地去体察过自己，我何时又能够知道现在的自己正处于生命中哪一个时刻呢？

今天，我本来被分派去参加一个"师德论坛"，据说这是一个全国性的活动，我要参加的是福建的分论坛。为此我已经发愁两天。我几乎厌倦了所有的"官方"会议，厌倦了所有的陈词滥调、作息纪律、规矩、规格，可是我还必须为自己的缺席找一个说辞，尽可能卑微又说得过去的说辞，于是我只好在炎热的夏天，最有可能性地"中暑"了。我仍然只是在体制中生活的人，这其实是更值得自我询问的。我们经常伪装着生活的勇气，同时几乎相信了自己。当然，我也乐于承认，生活中更多的时候是各种各样的恐惧以及对各种各样恐惧的预想支配了我们，改变了我们，以至于我们总是要听命于身体中某个特殊的警报器，趋利避害，我们更像是自己生活的旁观者，恰当地把握生命之轴，不至于让它过早地倾覆。

也许，我已经很骄傲了，但我的骄傲还远不够！

也许，我没有任何值得骄傲的，我只是在某一个夜晚随便想着"时间、死亡和一个人的誓言"（R·S·托马斯）。

唉，只能低下头，盘算着生命中的耗损和经不起推敲的收获。每个夜晚我们看上去都更苍老一些。

我喜欢这样的时刻。我喜欢虚无，它使我明白所有的伟业其实都微不足道。

我也喜欢"白露"这个节气，充沛的雨水终于驱走了酷暑。埃利蒂斯说：一滴雨杀死了夏天。但我的夏天要顽强得多。我几乎要在这个夏天倒了下去。现在听着雨的声音，竟然为自己感到庆幸。

这个夏天，朋友越来越疏远。我们彼此都倦了。我体会着秋天的滋味，在无所事事的空隙看着窗外出神。

当我默默思考，当我停留在自己的角落之中时，我是另外一个人。这些年身处教育中，听课、演讲、交流，也时不时地为教育写作，当我一静下心来，我又是另外一个人，问题不在于我是否理解自己，是否那么坚持着"为自己做事"，而是，也许生命就是有多种的形态，如果来得及，我不会错过另外的时刻，另一种注视、停顿、倾诉——我站在另一边？

记得好多年前，我曾为一位朋友从来不会陷于忧郁而格外忧郁，不必说这是什么时代，什么样的处境，生命中有大量的空隙简直就只能用于忧郁与缅怀。现在又过去了多少年，当你想到这"多少年"，人活着做些什么确实变得毫不重要。生命的火焰不能不是"自恋的"。

我喜爱的不是回答，而是不停地发问；不是成为什么，而是想象成为什么。这是一种在有限中无限绵延的状态。

想起一个词

当我穿过令人难以置信的混乱的道路，走向自己的工作室时，我总希望走动着的人并不是我，或许在寒冷、潮湿的一个下午，我更愿意沉溺到记忆深处去。常常，我一边走，一边无目的地朝着前方看，不是你的眼睛在看，而是你的眼睛只能如此地朝向前方，这时候，我会想到自己的无能为力——对一个句子，对某种我无法事先说出，但一旦遇上即能辨别的特别的语言氛围，有时仅仅是一个特殊的难以想象的词。很久了，我再也无法安静地坐在桌前，柔和的灯光，凌乱的纸张和书籍中，我所等待的，我再也不知道是否还有可能。我对生活的质询正在变得越来越简单，有时，我也就是那样的愤怒，然后明白自己的无聊，把情绪转到另一件事情，是一个个的事件支使着我，是的，几乎是因为我对一件件事的迷恋，让我奔忙，充实，有抱怨的理由。我一边沉吟，一边走向迷宫的一条通道，在我周围，城市日夜都在扩张——一切其实就是我自己所选择的，我怎能把每天要经过一个商品展销中心，每天看着并不能分辨出到底有什么变化的现场歌舞，还有，总是奔涌的人流，当作命运的偶然安排？更奇怪的是，我早就适应了，这个城市向我所展示的生活景色，是的，我已经是一个定居者。我的目光也就是惯常说的熟视无睹的那一种。

可是，我现在想的却是另一件事，我不明白，我该用哪个词能够把一个个瞬间，正在展开的色彩，变化，气味，沮丧，突然的带着某种权势的警笛，甚至如约而至的一场雨，都保留在它的边界之中呢？如果我选用的是"每天"，我是不是就该有一种一望无际的恐慌？所有的词都经不起你反复的注视，这并不是什么新发现，就像本雅明所说的"当诗被阅读后变得虚无缥缈时"，一个词更显得单薄，它的意义大概只在你注视它之前拥有。

我总是肯定地说，"我现在想的却是另一件事"，其实，我想的仍是一件事。我用"另一件事"为幌子，掩饰自己在无法拐弯的地方拐弯——我试图能够跳出自己正在诉说的并无太多新意的生活图景。今天下午，我想到握笔也许仍是一件恰当的事。我更急切地走在返家的路上。几乎有某种勇气支配着我。说真的，焦灼感已经是很久的事情。有些话语等待着，在它们还没有呈现之前，某种命运已经决定了，当然，这是我的夸大之词，我的意思是，如果没有什么意外，晚上的写作是可能的。等到夜晚展开，这个城市的形象已经决定了我对生活的幻想。

　　现在，我继续说下去，我知道自己怎样从生活中节节败退，再也不必存念什么改变的可能，改变的是它的自发自愿，所有生活的教导即使不完全合乎我的心愿，生活的教导也都是生活的规则本身。我不必等到很老，我已经领会了这一切。

现在，我属于一个念头

"一颗炮弹，要飞过多久的天空才能永不存在。"这是老歌《随风飘逝》中的一句。当我听到"一颗炮弹，要飞过多久的天空"，我猜想着下一句话该是什么，"才能永不存在"，确实是很妙的，让人意外，却又恰当。

现在我无意说起一些曾带给我享受的歌曲，我甚至无意去撕开生活的灰色地带，把自己引入短暂而温暖的自由的漫步。不是和轻松的生活结仇，不是只配晦涩、生硬、刻板和局促，不是要作为自我认定的"职业反对者"，我无法举重若轻，只因为我宁愿说，无论怎么判断、寻求、改变，其实一切也许仅仅出于久已形成的习惯。我厮守着自己，飞过漫长的自己的天空，要成为自己却最终为此而受累，左奔右突之后发现生活着仿佛什么都没发生过一样。生活着也就是自我疏离，自我背弃。我们为生计和预想准备了一切，最后却得到了更多的失措、茫然和虚无。先前以为明确无误的讯息，瞬间却已变得支离破碎。

也许，这就是难以比拟的获得？

也许，我们必须不断地撕碎，撕碎，就是为了把生命的旅程变得艰难而又复杂？

现在我时常沉溺于漫无边际、曾被一位友人称为"过于自恋"的遐思。我几乎把这一切看作命运最为慷慨的馈赠。活着，难以忍受的恰恰就是日日逼迫着你的具体感，无处不在的紧密关系，围绕着你须臾不离的生命的功课——让我们试着探入一个大部分时间都禁闭着的、不幸的被叫作"心灵"的世界——其实并没有获得，只是知道不管怎么生活着，不管怎么经营、用力，生活着就是一种最终毫无获得的困难。也许我早已明白，我生活的梦想只能在虚无处，只能在最终并无所获的努力中！恰是因为无所获，你才格外地沉迷？

现在，我属于这个念头，没有人召唤我，没有人赠予我什么，我试着写下一些句子，试着听从没有召唤的召唤，试着从一个又一个词语中开始出神。

听从自己，受累于自己。因为仍在漫游，呼吸，划过命运的边界，一切正变得难以言喻。

生命中的重力

　　当我坐在桌前时，我反复思虑的也许仍是我自己，仍是一种惧怕和无力感，这时才知道对教育其实已经陷入太深。每天当你不忙碌，仿佛就需要对生命作一次过滤，又沉淀出一些未曾思考过的细节，纠缠于一个个的过去，看着无法阻止的消逝，把缅想作为生活最为重要的一部分。

　　不需要提醒集中注意力，心也变得不急躁，不去思考什么样的命题，不用概念去验证生活，不再对任何的荣誉俯首称臣，不是死了心，而是，当你踏实地坐在那里，面对着自己，或者阅读一本恰当的书，翻开某一页，找到令人沉静下来愿意对自己说出诚实话语的一些奇怪的文字，你就像守候着这些文字似的，你的心变静了，变空了，不是充实，而是虚无，你熟悉的自己的一种感觉。我向你保证，这个时候，我也并没有觉得生命有什么特别的意义，我只是想，有时候我们卷入生活太深，都不知道还有什么样的其他可能性，我们从来没有进入另外的场景，唉，没有怨恨，但时常会有一些沮丧。肯定有种力量限制了我的视野，然后是我自己，然后是固执的习惯，我不知道是否还存在着微小的别的生命路途。在我阅读时，我的思绪也慢慢荡漾开，我的身体也随之帮助我作出了一些调节。

　　我这样说似乎有意高估自己的能力，我乐于相信自己还有这样的能力，我说的更多的是当我坐在桌前，大体清楚自己还能够做些什么。我的身体是安静的，手无论怎么摆放都是合适的，有时我只是坐着，厌倦这个世道，却也倦于再对它说什么，有时我甚至愿意自己更怯懦一点，这样就可以心安理得地退入适合我的更长久的沉默。

　　可是，我总是说得太多，唠唠叨叨，随手抓到，就开始没有节制，仿佛我所致力的是一种"沉重感"——人生的沉重，城市的沉重，工作的沉重，然后转化为语言的沉重，目光下垂，不是洞见了什么，而是把负荷作为了自己的工作。也许这样的工作，隐秘地、恰切地，予以我一种轻微的安抚，我感觉得到，却难以开口说出自己任何的感激。

现在我坐在餐桌前，听着女儿一边用餐，一边叙述：妈妈告诉我，我们要尽量地理解政治老师，她可能真的到了更年期了，要不然她的一些行为我们实在无法理解。昨天大家都在做笔记，安安静静的，她突然大声吼道："你们怎么这么吵？"大家相互看看，惊讶又害怕，却谁也没说什么，这类事情已经好几次了。我们能够向年段长反映吗？年段长更可怕……女儿笑起来了，我也跟着笑起来。

有时候，我意识到——不是有时候，我时常意识到，当我写到教育时，心中有太多的不忍，我变得迟钝，笔轻轻划过——你看到我所谈论的似乎越来越不着边际，我的文字中有很多"飘游物"，在生命的上空——沉重的身体，和它轻盈的游动的思绪。

卡尔维诺说那些从严格学术观点上看难以归类，随便拿到手的书能够时时给人启发。缥缈的思想，叮叮当当的响声，或者仅仅一个比喻，诸如此类，我用心倾听的也许就是这些"杂音"，可是我痴迷的依据又在哪里呢？

也许，我说的更合适的是：现在也仍然存在着一条迷人的小径，我只有沿着它引领的方向，文字，散乱的情绪，才能渐渐地退回自己。我想，这样的想法已经困住了我。这样的想法中有一种拖住你的重力。

突然行走

很久以前，我错过了一次深刻认识自己的机会。所谓的错过不在于事实即将显现，正在显现，而只能是它显现，然后转瞬之间就消失了。我说的是，电话那头传来苍老、浑浊的声音："你在哪里？""什么时候回来？""有点事情。"我的心一下子被提起来，出了什么事？那声音其实是无法描述的，只有当它重新响起时，你又同时辨认出来，"没有，就一点工作上的……等你……"突然消失了。

所有的回忆都是虚构。所有的细节都同属这个含意混乱的寓言。我知道我总在回避，又像陷入一种期待——睡神的降临，某一天某一种时光再现，你总是会想到结局。无论我们在一生中临摹多久，它都是突然的、异样的，真不知能向谁证实。仿佛，你不在场，是"那一个"灾难在自己的现场。

我暗中观察自己脸色的变化，当我能够把自己看清楚时，我已显得镇定自若。夜晚把人折腾得只剩下影子，无数的梦，截断，又继续，无法确定哪个场景更符合生活的本意，如果生活真的只能这样找寻它的本意的话。

我行走在一条通向回声的大街上：你在哪里？我思考着下一次的出路，我听见我的思绪变成声音，我的骨骼呻吟得那么优美，在身体里面，在无数秘密的通道，有无数相互模仿的舌头，有无数短暂的、淫荡的需求，有无数无法控制的冲动，有无数的自我伪装。我不知道我在哪里，如果我继续苍老，继续肥胖，继续酷似某一个人，我就能揪住自己的衣服。就像我能够揪住自己的眼皮一样。

每时每刻的变化，你不可能把它收入眼底。所有的变化，都可能使地球变得更为空洞。当我登上第 17 层楼房时，对景色突然有点醒悟：一切灾难始于人成为景色的一部分，一切终结都将使我们丧失信念——我为什么能够把自己排除在灾难之外呢？

如果我今天郁郁寡欢，那绝非因为今天使我郁郁寡欢，我所要找寻的尽头在何处呢？退到何处，你能解脱，请停下脚步，就在这里跳舞吧。就在这里，你选择一次，生命的腐烂要彻底，你慢慢地体会吧。

很久以前，我开始观察下坠中的雨点，你首先必须选取一个合适的角度，你必须尽可能地减少呼吸。如果你的身体有点前倾，还要选择一个支撑物，总之要尽量把身体排除在外，使双眼独立，它们才是捕捉者。

雨的边缘是光滑的，比我们想象的还要美妙，如果你大喊一声，它马上就破了。

我知道我现在就混在一群面容暧昧，声音尖锐，患有周期性胃溃疡的人中间。杀死你心灵的是慢慢弥漫开来的气味，其实就是你自己身体的气味，现在它开始从内部扩散到空气中，现在它开始使你的智慧得以激活。我走到窗户边，马上看到玻璃上的一层雾气，不确定性让我失去对方向的敏感。我努力保持着先前的沉默不语，尽量使自己从容镇静。如果不能这样，我就要重新跌回虚空中去。

先前，我正在隐晦的街道上旅行，我突然明白旅行就是我的宿命。当我看着远处，欣喜难以自禁，远处就是下一个歇脚点，我把自己不断地向前传递，幸好，我能够把内心的隐秘掩饰得不露痕迹，这一切都做得符合生活的本意。

林中两条小路，你选择一条，就失去另外一条，弗罗斯特仍在忧虑。林中的路并不止两条，林中的路像我们口中的句子，无数的枝丫交错，不断生成。我一出口，心情就变了，我失去耐心和判断力，我不再言语，我保持恰当的风度，它使我不必刺激自己的思绪。

先前我看上去更老一些，头发几乎全秃了。后来我知道要干什么，要干就干得摇摆不定，因为缺乏震颤。因为我活得越久，心里越为活着而焦躁，一条街道一直往下延伸，我使道路显得有点虚幻，我想如果静下心就能看得清楚一些，有时事态的严重性我总是估计不足。

现在我要费力在空气中捕捉那唯一的声调。

献给林少敏

2002 年 2 月 11 日，这一天的晚餐与午餐间隔比较短，大约只有两个小时。白晃晃，只要有人经过就扬起尘土的道路，已经提前拒绝了行人的涉足。四下里你就根本见不到一个人。风的声音，侧耳倾听，仿佛什么物质正在走近，你等待了很久，突然抬头，只看到寒冬中摆动三个月的那棵芦苇仍在摆动，它的叶子边缘枯黄，眼看着要蜷缩起来，就像所有枯黄的草本植物那样，然而在枯黄的中心却保留了一片翠绿，让人感到寒冷得不透彻。它在摆动着，仍保持自己的尺度，每一次都是不偏不倚。你不能注视过久，否则你的头也许就要情不自禁地晃动起来。堤坝在那棵芦苇身后绵延开去，所有的草几乎都是一片灰暗，如果站得更高一点，就可以越过堤坝最上端的石条，看到几棵非常衰老的橄榄树，一丛丛颜色翠绿的竹子，在空气中传递着更为清洁、单调、热烈甚至锐利的冲动。其实这些都是你的感觉，不过也只有置身在橄榄林和竹丛之间时，你才会有这种感觉。站在每一丛竹子前，你都无法把它看透，因为那里每处都是交错、汇聚、厮守、勃发与持续不断的扩张，你仿佛要伸出手去，最后却只是撩开眼前的枝叶，一片开阔白净的沙滩马上一览无余。这就是 2002 年 2 月 11 日除夕之前发生的事情。（模仿彼·汉德克）

我并没有参与土地的变迁。不可能的。十多年来我只是看着被称为变化的一切怎样地发生。先是一座狭窄、冗长而危险的大桥在各种各样的企盼中架通了，这是最重要的开始。然后是各种"建设"慢慢地跟进，简单地说就是这样。现在我实在也想不出要和别人分享什么，几十年来的生活汇聚于我整个身心，我把它带走了，每个人都带走了一部分。新土地便因此多少变得有点不可信。当然，这也没什么，最终这里会有新型的建筑一座又一座进入居住者的眼帘，对他们而言，这里的一切就应该是这样，一切都无关于它的过去。它只有正在呈现的现在。

多少年来，我每次回家总是会到沙滩上看看，在树底下坐坐，后来是带上女儿继续这样观看、倾听和缅想。从2004年秋天开始这样的工作便不可能了，但每一次回家我仍会登上屋顶看看那一块工地，并越过工地一直看到远处正在流动的闽江。

2001 年的悲剧

　　这样的标题不知是谁最先使用，但今天对我而言恰好挺合适用上了（尽管我极少为"标题"写作，因为我的思绪基本都是无序的，跳动的，像网一样撒开，我根本就不知道上网的将是什么），因为我们所面临的年份，以我们和它同步生长的眼光而言，确实太特殊，以至于每一天都需要有一座它的纪念碑，铭刻生活中所发生的每一件细小的、在不断重复中变得略有新意，而终究又是极其平凡的丑。我说的是我的无知、局限和鼠目寸光；我说的是每日直接的面对，所有的血腥、愚蠢、简陋，以及老一套；我说的是日益成为公共财富的污秽，成为公共财富的流氓行径，成为公共财富的自私、无耻与贪得无厌；我说的是日益深重的对一切悲剧的无动于衷；我说的是，我最无力把握的是自己，是每天的生活，每天穿过一个又一个道口，面对一部一部急驰而过的汽车时的恐惧，每天穿行在人群中的警惕，每天从黑暗中返家的胆怯，我们的勇气少得可怜，几乎只能用于表达毫无意义的愤懑和期盼，其中还夹杂着同样令人难堪的肉体的贪欲，在我们的广场上没有什么枢纽还足以使我们把定灵魂的方向，一切是转瞬即逝，是及时行乐，一切是体验，是肉体，是下滑，我们把物恋作为了本质。我们就是我们自己。永远不能理解但又能承受的命运的煎熬，难道也能使我产生一种近乎晕厥般的快感，我为何要乐此不疲地沉湎其中呢？

　　2001 年也许就是我最不愿意细加打量的年份，我愚钝如初，我大体也只能愚钝如初，我的中国式的生存，我的日益盲目的前景，我又能通过何种方式到达我所热爱的时间的彼岸呢？

幻想之眼 ——

旅行者本身就是旅行

旅行者本身就是旅行 [1]

永远没有具体的、显明的、令人腻烦的事件，只有不断逼近的事件，只有不断逼近的诱引。只有呓语，陈旧的知识，反复晤对后彼此厌倦的鱼一样的眼神。穿过门洞时，又一眼望见垃圾般的建筑，同样为栖居、欢爱和互相接纳而建造，同样灯火通明，意味深长，什么都没有改变。

改变并不是一件容易的事。比如我又继续等待城里那位肥胖的官员在屏幕上出现。每次我都以一种令人作呕的心情，注视他吃力地翻动双唇，我的痴迷使我惶惶不安。我担心着一种灾难，可是仍然什么事情都没有发生。

梦总是短暂的，对权力的着魔却时常战胜身体的衰败。

半夜的电话铃声每一次都使我感觉到惊恐，难道谁能够窥见我的秘密，铃声提醒我如何学会节制？

我笨手笨脚地在纸上模仿着：露出坚硬的牙齿，只能让它快速闪现几下。恰到好处的笑容。优雅的注视。妩媚的脸颊。吃力但得体的拥抱。……坚硬、优雅、含情，深藏不露、已经不太健康的肝脏……

其实我不善于显露自己的感情，我善于看。那些因为独具的、不起眼甚至残破的景致而被我"第一次发现"时就爱上的城市，我回味着被爱的细节，我看自己所爱以及正在痴迷的、露骨的陷进去的身体。爱是互看，相互吸纳，相互吞吐，相互温润，相互搏动，相互受制。可是，对我久居的城市，我却奇怪地从未爱过，现在我仍然排斥它，却又认定自己再也无法离开那条大街了。

我怀着恶意在这条大街上溜达，哺育着恶劣的情绪，每次都是这样：

---

[1] 本辑文章选自华东师范大学出版社 2004 年 10 月出版的《教育的十字路口》中"旅行者本身就是旅行"、"梦想的诗篇"两辑。

因为无聊而不断地被重复。

可以看到树阴下 K 的茶馆。陈旧的灯笼，仿佛缺少睡眠，然而，却又露出一丝隐秘的色情。我无法忘怀 K 的牙齿，据说已经影响了 K 的生活的水准线、勇气以及幽默感。K 的神情却具有一种亲和力，我忍不住要他张开嘴，因为只有关心他的牙齿，才是最恰当的。

这一切无师自通，比如当你看着 K，你自然就知道下一步该做什么。

唉，我们总是善于调整自己，我们甚至能够忍受自己的厌恶，把事情做得像朝圣一样热情洋溢。想到这一点，我免不了要把自己的成绩归功于大大小小、日复一日供我们上学的学校。一个好校长，就是一所好学校，这是令人肃然起敬的时刻。这是我们的疼痛，礼仪，节日。

现在我理解了 K 的温和、含蓄，我常常在办公室等待他的到来，我又盼望他迟迟未能到达，我继续做自己的事，在等待与遗忘之间我知道自己再也不能离开这个城市了。

能知道自己的被动状态是一件多么美妙的事情，你简直马上就可以变得游手好闲，这是允许的：自己给自己下了逐客令，退入更为隐蔽的洞穴，缅怀着明媚的春光，某一次绝望的爱情，只有细节能够让人盯住不放。细节中涵泳着残忍的诗意。

每个星期一的凌晨，我总是早早地被无以复加的愁苦惊醒，我不知道有什么力量能够改变上午的例会，一成不变的座位排列，开场白，焦黄的牙齿，干燥的声音，统一的口号……肥胖、狐臭、呆滞、笨拙、团结……我的身体承载每一个人，并由衷地爱意涟涟……

没有值得收藏的礼品。眼泪，意味着对妥协的期待。只要能够，马上就可以做到。这其实不错，"我们注意到贵方已经为鄙方的妥协作出了明智的、恰当的、充满勇气、令人钦佩的退让……"我的手仍然是那么柔软、潮湿，我在自己的口袋里等待了很久，我们的握手总让我想到比较默契的交合，握紧、用力、更长久。

一座大楼隐藏了很多故事，因而变得略显浮肿，又像是正在等待旧情人的中年妇女。她不得不用心控制自己，以免更为致命的在下班时发生的眩晕。

抓住扶手，上旋，双脚略有震颤。继续上旋，突然看见了整个城市，我一下子明白自己长期的厌恶情绪，现在是排泄时刻，用点力气，更大声一点。呜，呜呜……

记得上一次登上屋顶时，B君说：我们在楼顶上小便，留个纪念如何？我大笑起来，下楼时，他学的狗叫像极了，吠，吠吠……我完全忘记了这是哪一年夏天的事。

据说在大楼里有B君的画室，非常隐蔽，以便穿过记忆时不至于迷失，他亲口告诉我，他在所有的画布上等着一只红色的狐狸，一个还原为狐狸的狐狸精。如果没有比较恐怖的意外，今年他应该能够等到了。

用善意等待着奇迹，是一种多么良好的品质。

我觉得我掌握着有意义的智慧：微笑，并使之向四周渗透。重要的是使你送出的信息能够迅速引起共鸣，比如，我比较喜欢的是两个人之间的媚态，略为弯曲的背，便于爱抚，使自己看上去更矮小一些，并显得智力有所下降，总之，最大的困难在于当你的身体开始软化时，时机应该是恰当的，把握火候的技巧主要在于经验。

你的眼神还可以显得慌乱些，一定要让对方有所察觉：多么真挚的感情，甚至来不及掩饰自己的冲动。

于是我又想到K的温和、含蓄，是不是K已经暗中参透了人际间微妙的分寸感，说实在的，在K面前我会显得更粗朴一些，就像K说我比较率真那样。我知道这又是我刻意营造的一种氛围，以便能快速进入某种袒露，自我袒露，自我消费。

说起来，什么事情都得不缓不急。现在我就在自己的房间里，饮水，注视着窗外，侧耳倾听大楼的动静，我比较喜欢在我们意料之外的灾难，比如，两个人因为办公桌年代问题引起的争斗。你意想不到的争执，总是会以你意想得到的方式解决：有时，我满腹愁肠，有时，我又像已经死去很久的动物，有一种很特殊的死白。在这座大楼里你经常可以看到这样的颜色。

你可以放心的是，每当我呆在大楼里时，我就会失去我的警惕性，因为在这里不需要。这里有一种惬意的相互渗透。

N 最早是我的朋友，后来成为 K 的朋友，然后又因为我与 K 过从甚密，N 和我的友谊奇怪地增温了不少。N 总是告诫我：你与大楼越来越相像了，你应该有所节制，任何消费都不能过度。有时，N 就是我愁肠满腹的最主要的原因，他是多么明智！有一次，他到我办公室，只看了眼，就告诉我桌子的朝向完全是错误的，要知道，所有的判断都令人产生一种命运感。

N 的智慧是先天性的。单是这一点就无法模仿。

但是我经常模仿自己，只要需要，我就能迅速地使自己看上去像另一个自己。

比如，不一样的情景，我的措辞总是能做到恰如其分的谨慎而圆熟，我唯一担心的是，不同情景的相互模仿，这样，难度就大大增加了。不过，现在面对的仍然只需要一些技巧。

我们相信自己的能力，恰恰因为我们不能相信自己的运气。

要努力改造思维方式，这仿佛是丛林生活的首要原则。有一次我到第二层的银行门市，你猜他们在干什么？所有的人都围在一起，头顶着头，念念有词，他们让我非常感动。

我总是愤怒，然后鄙视自己，最后变得多愁善感，两眼像是饱含泪水，这一切变化其实都是徒劳的。如果没有这些变化，我也同样被人们熟知，因此任何激烈的行为都无助于人们加深对彼此的认识。一个人就是在大厅里当着所有人的面，痛哭，丧失理智，第二天他还是那个人，什么也没有改变。于是，这一情景时常被人重复。

到了秋天，我尽量饮水，饮水增加了我对节气变化的敏感。我可能面临着更多的玄想，这是一种特别有利的状态。

经历过秋天的人都知道，秋天所有句子都是在秋天发生的。这一句像是废话的句子，其实也是我在秋天午后趴在办公桌上胡思乱想时得来的。

智慧源于自我怜悯。

要尽量使自己的行为看上去没有任何意义，这样所有的审查便形同虚设。可是，有时候我难以理解，即使我们已经做到这一点，审查机构为什么没有关门呢？每一次经过他们的办公室，我都感到紧张，总免不了主动上门请求他们给予我一次破例：常规之外更彻底的审查。

这样我可以从容地工作了，因为我对他们已毫无用处。看来做到这一切，并不是困难的事。

有一次 N 告诉我，我们写字时碰到"屁股"最好把它改成书面语"臀部"，这样会更为清洁，也比较含蓄。N 很有把握地告诉我这只是举例，重要的还在于要学会举一反三。我常常为 N 的特殊的领袖气质着迷。不是每一个人都能觉察到这一点的。不过，难以分辨，到底对 K 还是对 N，我会更亲一些？总是这样，我们要试着探测自己与面前另一物的距离，必须以自己为中心，才能测量出来。

以自己为参照物，我们很快就能把所有的熟人分成不同的类别，并贴上合适的标签。每完成一件事，你就会有相似的心情。不过，我替自己感到遗憾，我常常受制于自己的情绪。有时，不，更多的时候，我受制于自己的钱袋。我自然而然地降低了嗓门：这样很好，又显得谦卑了一点。

你其实不必细究，我们心情还受制于自我期望，以及各式各样的对应物。

在多雨水的秋天，我们更脆弱了。隔着窗户，我长时间注视着雨中散步的男子，他身旁的狗却穿上了浅红的雨衣，像是水中的浮标。

有时候，我必须在纸上勾画自己的工作安排。所有的日子已经被填满了。工作的重要性就在于它是被填满的，如果哪一天出现了空白，恐惧便要临头。

街头散步的男子能理解这点吗？肯定会的，雨水无法打乱他的程序，什么还能够呢？我挺容易和别人交流被填满后的自足的。自足源于被需要，被动，被操纵。其他的情感可能一文不值。

很多念头都消失得太快，还来不及咀嚼，转瞬即逝，我们不理解为速度付出的代价，看不到它的脆弱程度。很多事情就因此变得无法挽回。

我更乐于体会从剧烈转向衰退的那种感觉。

身体的感觉没变，是速度在变。

有时候则可能相反。

我最害怕的电话是：你不要继续散布对我们的批评了。有人已经告诉我。现在我不想听你的辩解，没有意义。记住，停止吧！

许久，不能缓过劲来。我更容易在电话里面红耳赤。一个晚上，我不断梦见自己的嘴。

看来，仍愿意和我见面的人，可能是另一个更令我羞愧的人。现在时机未到。这是无法防备的。

不过，我仍怀着善意注视窗外长街，我正在对自己行善。

现在最值钱的是能够迅速消失的知识，消失的速度越快越激动人心：这是真的知识，你不能等待，以致错过自己的机会。你越没有偿还能力，你购买越多，你越粗鲁，越能通行无阻。

我就盼望着有一天和电梯一同从楼里掉下来。我也不知道这个想法是否真实。

我只模仿自己，每天准时到达楼里，烧水、清洗杯子，把桌子擦洗一遍，拉上窗帘，再给万年青浇水。然后把台历上的日期圈好。订书机、计算器、粘贴纸、签字笔、铅笔、圆珠笔、浆糊、复写纸，摆放整齐。现在开始，我不知道该对自己怎么办，为什么，我会这么情不自禁地爱怜自己呢？

唉，工作给我带来多少的乐趣，我什么时候才会对它松手呢？我们多么不习惯做出放手的动作，不信，你试试看。

即使肥胖、狐臭、呆滞、笨拙，不断地自我渗透，即使我们变得像钟表一样敏感于自己身体的节律，我们仍要保持日积月累的状态。

是的，是的，在暮色中，我顾虑重重，原有的状态变得非常重要。

有时我会迁怒于最近突然与我交恶的朋友，实际上也不算什么，我只是在心里默默把他撕碎。有点困难，要用更大的力气。要忍住经常夺眶而出的泪水。

是的，我站在窗前，多么美妙的时刻，神秘、自我怜悯，然后完全不知所措。我受累于自己的感觉。

我感觉自己的感觉，像无限前伸的铁轨，每一次我们坐火车时，都会以为我们再也无法到头了。真是奇怪，只有铁轨这样令我眩晕。我们在自己心里一遍又一遍听着强烈的撞击。

我喜欢某种无节制的冲动，只有它才能到达可怕的深度。

在夜里我不停地想念一些动词。白天则完全是另一回事。当我认真看自己写的每一个字时，我发现所有字书写都错了，打字小姐是靠对我气味的辨别，在打印纸上重建残缺的世界的，是她这个世界重叠在我的世界之上，当她完成工作时，我也变得安宁起来。

当这个世界存在时，你就仍被自己紧紧攥住。

2002 年 2 月 12 日：在缅想中抵达

我很难理解这大片的沙滩就没有一个人。完全裸露。白得十分耀眼。

好多年来，我都想着从村子里走出来，坐在沙滩边上，把脚浸在闽江里面。这种想法有自我怜悯的成分，有种逃逸出去的可耻冲动。

我喜爱这里的空阔、纯洁、寂静，仿佛一下子获得了融入一条江的满足。我不明白为什么长时间以来我只是不断陷于越来越浅薄的缅想。

只有在浅薄中我们才是强大的？但是什么才是我们称之为"浅薄"的"浅薄"呢？

最大的威胁总是来自我们最亲近的人，而在深夜我们却把令自己恶心的快乐反复回味了好几遍。我们再也无法独立生活了，我们需要更多的朋友，更多的假想敌，相互猜忌，我们的时间主要用来为下一次的行动作最细密的盘算，也许这样我们看上去更像自己，显得理直气壮，就像是受过良好的教育似的。

我总是怀着无比感激的心情祝福每日对我下达指示的人：是的，向左转，然后向右。我已经从他的语气中听出这又是一个阳光明媚的上午。

刚才我在哪里？"吃人是错误的。"我低声告诉村子里温顺的狗。它的眼睛久久注视着我，我知道它不明白我的意思，它尽量显得很顺从。不，不，它生来就这么顺从。

狗真是奇怪的伙伴，它比我们所有的伙伴都忠诚，这种忠诚像是一种圣迹。同时，它瘦小的身躯又能在黑暗中承受独有的压力：命定的、与生俱来的伴随生命始终的机敏。我享受着抚摸它的快乐，我很清楚我只能依赖它了。

整个上午，我就坐在那里：我总是轻易就进入疾病的状态。而在健康时你却一无所能。

我们每天早上总能醒过来，却无法明白衰老是怎么回事。

如果没有记忆，也没有参照物，我们同样地日益衰老吗？用得着对每一个早晨的脸孔细加审视？其实我们正是在越来越像自己的面容里读出了关于永恒的幻觉，在每一片光泽中都有令人愉悦的证词。就像当我说决不妥协时，我已经给自己留下了逃遁的地道，可是我能为此事鄙夷自己吗？

每天我们都要告诉来访者：你看上去很不错。这样，他就不可能在你面前栽入设计好的深渊。你又怎能希望每一个来访者都活不过这个漫长的白昼呢？

当我们受煎熬时，我们乐于和每个相识者一同分享"停一停脚步"的那种感觉。"分享"是一个不错的词，在这种一体感中有一丝可贵的教养。

所有的审问，在今天早晨都停止了，但是明天就不一定。

远远望去，那座桥显得很夸张，强加在风景之上的风景，很快我们就能适应各种变化，事物的结局改变我们的意志。

夏天时，沙滩像在冒烟，也许它真的就是在冒烟，你的脚不知踩在哪里好，你的脚背叛了你的勇气。

勇气是靠不住的，这并不是一件坏事。就像你注视着狗的眼睛，你总能从中看出微妙的情绪变化，狗其实不善于掩饰自己，但因为对自己的主人毫无戒意，即使不断遭受各种打击他还是要背叛自己的感觉，狗无法脱离自己。狗是真正的承担者。

被派定的承担者。这并不是一件好事，但我们喜欢自己对狗的感觉。

我知道我藏匿太久了。我注视着这只诚意十足的狗，仿佛能看到他内心另一只狗的喘息。我就知道自己仍隐匿在肉体之中。这是奇怪的体验，如同你走在人行道上，突然神情恍惚起来，就像另外一个人在走。你定神、屏气，不知道该向谁求助，这时你挚爱的人将是谁？

有时候，在我急需解脱时，我就发现自己是比较自私的：只有一个人获救，另一个则是可怕的争夺者，事情只能如此吗？

好在我很快就恢复了镇静，为自己看上去仍像个正人君子而暗中庆幸。我对自己一无用处。我等待着能在其他地方派上用场。无论我坐在哪里，我都希望能长期呆下去，如果能够这样，你能想象最后会出现什么情形吗？我只能从你那里看到自己，我不可能朝自己呕吐，小心，不要弄脏了你的身体。

2001年，我要借助的东西太多了。现在我正努力摆脱这一切。

我改变一切，就是日渐能够忍受自己。

一片沙滩，不需要有人看管。但看管者却出现了。总是更多棘手的瞬间，更多的相互挤压、唾弃，相互撕成碎片的企图，总是面临着关键时刻时的束手无策。一个看管者能解决很多问题，至少表面上是这样。

任何一个有权势的人，都应该放荡、怪异、贪婪、匪夷所思，这就是独特的魅力所在。

这就是我们不断要为之证明的恰如其分，恰到好处。我们要拥戴衷心热爱我们的任何一个有权势的人，我们要恰当地围绕在他身旁，以供他富有创造力地驱使。我们不能让他因为我们的能力而分心。统治者应该每天只做一件事：他信赖我们的顺服。

当我想到被统治状态时，就意味着我对这种状态的颂扬。

还有别的事物更值得思考吗？沙滩上有几十棵木麻黄，无风的时候，它们几乎完全是静穆不动的，这时候你更能理解它们吗？

为什么我又喜爱那些肃穆的面孔呢？现在我看上去像是在思考吗？如果你告诉我，只有肃穆的面孔适合思考，我愿意在你面前，停顿，只注视着你。我幻想在注视中解脱，我是朝着自己倒去的低能儿。

我窃听自己的电话，喂，我什么都没有听到。我若无其事，在下楼时还与匆忙上楼的人打了个招呼。

做好一件事情太难了，多做几件，也许就容易一些。就这样，你尝试在黑暗中穿越虚空，在虚空中抵达春意盎然的清晨。总是天一亮，你就可以随心所欲了。

每次我总是要把最急迫的事情放在最后，这样我就能缅想连连。

每天女人的笑声都像小鸟一样有间歇地传过来。在我对下一次笑声的等待中，最细微的声响都在我耳鼓上放大了无数倍。

在办公室的幸福往往就在于你对各色小鸟的想象之中。

对，只要我们能够继续保持强壮的身体迎向下一次的刺激就好了。其实，我们能够把事情进行得更为简单娴熟。这是我们一贯的作风。

很多良好的习惯总是在我们不经意之间已经形成了。我们是受益者。只要给双唇抹上一点蜜，我们的歌声就是甜美的。

我想每个人都无法知道自己能活多久，这是多么折磨人的悬案，生活中并不缺乏悬而未决的问题，我们走路时，看着自己的影子在跳动，我们心存感动。我们需要散步，需要停顿，无论何时，我们都和权势者生活在一起，如果没有这个主题，我可能会死得更为突然。我不能不谈这件事。我总是等待电视喂给我的口粮。

现在，我坐在这里，望着眼前的江水，我信任它的流动。只要继续流动，它就值得信任。好多年，我几乎忘记了它的存在，每次经过桥上时朝它望去的眼睛已经变得毫无热情。我的热情发泄在别的地方。我放弃了对我无力控制的事物的尊重。

因为我害怕，我必须和很多人住在一起。

很多人分享着城市的气味、垃圾，因为相同的饮食方式，我们拥有属于一个谱系的面孔，当我们想改变这一切时，已经为时过晚了。

相对于完成稿，我更喜欢我的初稿，凌乱的字迹里显而易见地有一种个人性，你可以朝那里看，你自恋，相信自我的统治权，你无法和别人分享，你絮絮叨叨：我试着面对自己，我不存在。

谁能够回避呢！

其实并没有什么事物需要回避。我一想到有人因为自己长得不像罪犯而发愁，就笑起来了。这话多像我说的啊！

我记得城里一位80多岁的诗人对我说，我爱啊，那么多漂亮的女孩子，可是他们不让。我没有追问他们是谁，因为我已经知道他们是谁。诗人总是不够孤独，不够劳累，器官的衰老又特别迟缓。可是我多么喜爱你游移不定的歌声。

现在我对着便器也感到无所适从。语言是一种幻觉。你要回避什么呢？

只有你感到自己像液体一样流淌时，你才能理解自己简单的需求。

如果你能够呆在两面书页之间该多好！这里是我徒劳的身体，这里，逗号、省略号、词；这里，一张长眠的床，被褥齐备。

一开始，我就抵达了。没有别的方式更适合我。

只要有一丝疼痛，我就急于宽衣解带，我注视着红肿处，疼痛属于我的，红肿也显得不算过分。它有中心，也有边缘，并呈蔓延之势，你可以感到在疼痛之中也有一种美妙的速度。

当车辆经过大桥，无论冲得多快，你总是会以为桥再也没有尽头了，你喜爱无限的绵延。

未完成状态。我们的一生就沉湎于挽回之中。

我们一生经历的反面是什么？当我想到我再也无法经历的一切，就特别地庆幸。

不过，如果能住进家门口的那个大酒店，然后从回廊后面突然消失了，那又该是一件奇妙的事情。必须在一次疯狂中，为一生的疯狂付账，一生的躯体上的尘埃使我高兴得大声喊叫。

我轻易就活过一个世纪，我的口气就像一个守墓者，一个懦夫。

有时我几乎相信了自己的伪装。确切地说，我崇拜这种改变自己的方式，我从历练中尝到了好处。

一个人不断地改变自己，其实他什么都没有改变。

我害怕眩晕。沙子按照博尔赫斯的说法，是能够无限繁殖的，在我的注视中，等待我的是更多的沙粒。音乐，干燥的情绪，三个小时，我害怕旋转越来越快的词语，急速下滑，深渊其实就是身体下面的洞穴，我一直找寻着一个合适的洞穴，我不知道我已经找到了，我却仍在寻找，就像一开始时那样。

因为所有的地方都有一种古老的仇恨，如果我伫足（只能这样），我就无法从中挣脱。

新那喀索斯主义者

只有冥顽不化的人，才真正值得信赖。

每个时代有每个时代的振荡、仇恨和酷刑。敏感、怪异、以时间为敌的人总是生错了时代，错不在他们的血肉，而在他们的冥顽不化。

其实敏感亦为自虐，这如同其他的血肉之疾。人不可能放弃自己的任何错误，人把自己的错误作为风格，作为基石，错误就是一种人与人之间得以沟通的识别器。

我感兴趣的不是人的灵活，多变，而是隐藏至深的不可改变性，我常常为之着迷。

统治者的趣味，你仔细想一想，你就可以明白它与时代风格的关联，在没有风格的时代，它就是风格。在"后集权时代"仍然如此，或者更具有娱乐性。

我总是想，越是自恋，越具有牢固的行为路线，你不要试图改变它，你可以享受它。我陷入不可自制的缠绕状态，春天到来，连绵的雨水之后，阳光重现，你仿佛等待了很久，后来也不知道要等待什么，只有心事重重，皮肤好像也患了奇怪的病，威胁是多方面的，随时能够使人窒息，比如，一次谈话涉及不洁的字眼，一次围观，一次莫名其妙的举手动作，一次无法想象的什么行动，麻烦就缠身了，于是只想着逃避，于是因为"逃避"而着魔，而自我强迫。这时，仿佛等待很久的阳光，使街道生长出自己的阴影，你感到十分意外，就想起唯一的朋友，就想起他的脸，短短的瞬间，其他的意识都苏醒了，其他，苦刑不能停止。于苦刑中又感到温暖。

一早我就注视着路上的车辆，我听见不同线路的公共汽车用同样的方式告知："这是××路，……注意安全"，"……请投币……不找零钱"，"开往马鞍方向"，"请自觉爱护……"物的可用性，物对人的改变，人的声音是对人真实声音的模仿，空气中微妙的震颤，清晨精神的自我张扬，敌对情绪的终结——我任凭思维漫游，我"没有一个嗓音可以叫喊"。

有时我意识到，人更大的不幸仅仅在于，你不能指望生在任何一个时代，早多少年，或者晚多少年，我们能想象生在什么时间更合适呢，人被迫着"不得"在意任何的时间，因为地狱总是现在时，它不是被悬置，而是"充满的"，它混乱，浑沌，宽大，"合法"，能够通行无阻。

人的链条，它怎么都会"自然"续上。无论欣喜与恐惧，被出生的"那一个"暂时无从知晓。

无论黑暗、饥饿、疾病、杀戮，总是拥有超繁殖能力。

没有人细想，作为下一代的"那一个"，其实是宿命，它是所有"因为"的集合。现在我要造另一个句子："因为"我必须穿过马路，我才必须打量奔驰之物，带着一身的"能"，奔驰之物造成对"裸身"的威胁，所以必须预测、计算、妥协，必须夸张、警惕、恐惧。

马路边上的弱者的功课，每一天都继续着，每天必须。

"我家门外一条河"，多么陈旧的句式，多么不真实。我家门外，其实是可怕的"深渊"，"我家"在顶楼，第八层，据科学计算，如果下坠，只有死路一条。说"我家"也不对，房子不是我的，地更不是我的，"我家"在哪里，随便在哪里，那块地，那间房都不是你的。因此该怎么说，"我住的房子所在的整个村子大门外，一条河"——问题又出来了，那条河根本不是河，如果没有引进另外一条河的水冲灌，它早就枯竭了，没有水的"河"还能叫"河"吗？那么，该怎么说呢？

被冲灌的水一直流到海峡，把所有的污秽带走了。那些"无主的财富"，意味着我们每天仍然参与到污秽中去。

我曾经写道：我站在"河"的铁桥上，其实，这里不是能随便站的，黑暗中，桥上每天散落的面孔各异的人，隐隐地，含有攫夺的杀气。

有时，一个村庄就一个通道，最意味深长的地方是一座桥。

我出于什么原因，常常希望能对这个"通道"说个没完没了，现在最难受的事情，莫过如此。

不过，当你实在只能如此时，就有很多细节变得值得回想。

回想就是回到暧昧状态。既不热爱阳光，也不喜欢雨水，就在那里摇摆。得到的总是与期待的相反。

寒冷是一种坚忍的品质，酷热是另一种坚忍的品质。不同的品质之间有贯穿一致的意味。

肥胖的人总希望能以最少的食物活下去，最少的睡眠，最多的运动——于是在种种希望中他将变得格外亲切。

而瘦子则谨慎多了，你甚至看不清他的表情，他最鲜明的特点是——闪烁。波德莱尔曾说：干瘪比肥胖更裸露更下流。到底波德莱尔因何事而如此大动肝火，又说得如此含混呢？

在电梯里有人开这样的玩笑：你别进来，你进来地狱就客满了。于是大家哄堂大笑，肥胖者的笑声是最大的，好像他笑的是另一个肥胖者，好像是"那个人"使"旅途"中肉体的亲密变得自然起来。

没有根深蒂固的敌对，只有根深蒂固的相互渗透。

可是自从我搬入新办公室以后，我就对盘踞我身旁，闪晃晃的保险大厦充满仇恨——玻璃的反光时常使我烦躁。尤其是，到了夜晚它的整个内脏都显现出来，你甚至无法回避。

我与它为邻，我意识到灾难就在身旁，我必须时刻伪装自己，就像又聋又瞎那样。从来不是你出去访问，是灾难自己找来的。它有一张不像灾难的面孔，每一次都是这样。

当我缅想连连，我就保持了饶舌者可贵的品质——自我暗示，自我培养，以及更为可贵的——自我消费。

春天雨水连绵，是繁殖语言的最好季节，不过我最多想到的无非是"我不出去"，"继续睡眠"之类。春天使人对季节格外讨好，仿佛对待心事重重又极为性感的情人，而你实在又上了年纪，你必须时时掩饰这一点。

只有在春天，你才有机会活在最为平凡的丑恶之中，这个季节就是这样，总是富于变化，出人意料，枝繁叶茂，好像有千百万只倾听的耳朵——它们喜爱什么样的喂养和饲料？

当你需要救援时，你首先想到谁，第一个肯定会拒绝你的人吗？这样说太笼统，有一次我二伯家失火，谁也猜想不到二伯和二伯母从火中救出的是什么。二伯救的是每日必需品——夜壶，黝黑，饰有花纹，隐约可见，二伯母救的是一床棉絮——在我们最艰难的时刻，谁仍将不放弃我们呢？

我愿意对你低语，在你厌恶和狂怒之后，我也仍将不轻言放弃。

我一生努力的无非是决不妥协，在 20 岁时如此，30 岁时如此，40 岁时更只能如此，因为我们用以保持独立品格的时间越来越少了。就像一种持续的疾病，你甚至拒绝了任何治疗的路径。我们依存在自己的病菌之中。

可是，有时候我需要大声喊叫，以抗拒对"决不妥协"的恐惧，我的身体围绕着精神走来走去，显得十分犹豫。最激烈的冲突最后终结于一小方寸的胜利。但你仍然胜利了，只有胜利才能使所有的损失物有所值。

在斗争最激烈的时候，我尽量不呼吸，以保持身体的平衡，每一次只要我能做到这一点，就能赢得一个战役的胜利。这种能力得自某位杰出的人物，至今他仍统治着我的精神领域。我相信那些秘传：传主的气息、光影、手势、低语、纸符、血迹，成为一种隐秘的艺术，代代相承。我需要的是坚守一切，放任一切。我需要的是呆在自己的手术台上，这里正在进行的一切都使我愉快。

我不停地暗示自己，已经来不及了，可是所有的低语又四处泛滥开来。

我发现我的听众在增加，每数一遍就增加若干个，但我又无法加以证明。这使我有点眩晕。所有的眩晕都具有时代感，我努力使自己不眩晕，这需要特殊的勇气，同时要学会能够自我控制。它不是什么品质，而是一种经验。

每当我坐在那张桌前，我马上就成为饶舌者——梦幻、情爱、对人生苦役的摆脱，似乎都作为馈赠品等待我开启。事实也是这样简单，我一坐下来，我就开始絮絮叨叨，纸、笔、茶、药水、点心以及用来自我凝视的小镜，都是现成的。

我一边走动，一边为双脚的有力自豪，清晨我穿过五条马路，又经过一个公园，然后到了办公室，然后又继续走动，为双脚的有力自豪，我正为运动品格恢复荣誉，我相信我是恰如其分的。

我相信我的工作兼有现在时和将来时两个时态，因为我已志得意满地栽进自己的矛盾之中，时间考验着双脚的力量——清晨，我已经知道自己的使命了：我的使命，我的趣味，我的风格——我穿过理解的障碍，正逐渐变得温暖起来，就像把身体放在自己的伤口里浸泡过一样。

2003 年 4 月，致沙尔斯

沙尔斯无疑属于这座城市，他具有一种显而易见，时常被人称道的优雅、温和与耐心，实际上这种品质是难以想象的，你看这么粗糙的城市，杂乱的人群，一张张你甚至不愿多看一眼的愚蠢而茫然的脸。沙尔斯生活其中，怡然自得，有一次他天真地说自己在清晨（其实是上午 10 点）醒来时听到了院子里的鸟叫，一连几天都是这样，非常奇怪，明明没什么树木，鸟居然飞回来了。当然后来他在邻家阳台的鸟笼里找到了真实的答案。沙尔斯住的房子属于真正老城的市中心，闲杂人员数量繁多，生活便利，到了晚上新村四周到处都是带给人想象的红色的朦胧灯光，真是适合游荡、熬夜，怎么说呢，总之你不会感到太寂寞。应该说，我喜欢沙尔斯的住处，那里的几个地名，像渡鸡口、旧米仓，都是有来历的，特别是鼓东路还有半条街也许过不了多久就要拆掉的木构建筑，窄小、乌黑的店面，更让人觉得那才是一种生活，卑微，但不失乐趣。有一次我和彼得·宋走在这条街上，宋故作惊讶（他惯有的姿势）地说：太美了，你一定要趁它还没有倒下之前用影像把它留下来。其实为什么不让它一直保留下去呢？我知道宋仅仅看到了各种斑驳之间一种据说是美的东西，宋不想去深究具体的细节，比如，在这样的房子里没有厕所，甚至某些生活，都是多么费神却难以畅快之事，古老的门板无法遮掩你有了快感就想喊叫的隐秘与快活。每天当沙尔斯走在这条街上时，他会不会去想自己到底是生活在什么年代呢？不过，沙尔斯对人倒是蛮体贴的，就说春节期间，他知道我和宋有一个下午曾在他新村的四周走来走去，他很认真地问我，有没有到那些发廊看一看。其实我也知道，那天我和宋走到一家发廊门口，女孩子正对我们招手，我们略作矜持，正要迈步，一位我们都熟悉的长者突然把我们叫住了："彼得·宋，什么时候回来过年的，你还是那么年轻，哦，李本也在，老同学一起散步啊。"也许这位长者是被派来拯救我们的，后来我们的散步竟然失去了方向感。这些我都没跟沙尔斯说过，我不喜欢说，我更喜欢听。沙尔斯说话极其舒缓，你需要有耐心，要不然你听不出其中的意味，也听不出他的细致中蕴含的机智。

有好长一段时间，我老是想着要把沙尔斯给好好地写一写，这是一件蛮有诱惑的事情。他有牙周炎，胃口不好，吃东西极慢，慢到大家会发现他一直在吃东西，其实他应该是吃得最少的，他对食物没什么讲究，只要不太硬不太甜都行，他基本上不吃早餐，中餐吃得很潦草，晚餐吃得很随便，你说要不然他还能怎么样，虽说他粗通日本料理，曾在料理店里埋头学艺赚工钱好多年，但是这一切都不能说明问题，生活还得一天一天地过，比如你不想和某个人一起住，哪怕再漂亮的女人，如果你忍受不了女人的牙具，卫生用品，化妆品，难看的睡姿，你最好还是把饭桌安在街上，安在最靠近你肚子饿了的时候会想到的地方。这样的方式不错，你怎么思考你就可以怎么活着，你会觉得在孤独之外其实都是舒坦的生活。有一次我问沙尔斯：你就不想再结婚了吗（口气中一副拖人下水的味道）？沙很正色，很难得的严肃，那会儿我们正在 VCD 店里挑选一些不乏味的碟片：你这个人好奇怪，你会以为我是与你开玩笑吗？

太多的人不了解沙尔斯，比如我好事的同事，就怕有的人没人疼没人爱，她们曾谋划过为沙尔斯拉郎配，沙觉得这事很好玩，他太习惯这样的关怀了。有的人甚至还想到沙的房间看一看，怎么会有这样的冲动呢？难道沙真的能给人这么多的浮想吗？我知道像沙尔斯这样体重不到一百斤，又略有洁癖的男人肯定愿意给自己保留一点神秘感的。

原先我和沙尔斯的每次见面几乎都在酒吧、茶馆或者不太炫目的夜总会，公共场所我们更能悠然自适。沙刚从日本回来，几乎没有一点东洋的气息，对此我也感到比较放松。第一次见面，我们就聊得很愉快，沙喜欢慢慢地喝啤酒，他说他自己也很奇怪，用这样的方式喝酒可以喝很多。从这一次开始，我就努力去适应他说话的风格，缓慢，每一个话题都好像临时想起，又喜欢对细节深究不放，越说越远，最后几乎不知道我们到底聊了什么。但我记住了一些异国习俗，就像白纸被撕开了一角。沙尔斯是一个最合适的替补，如果你实在无法打发漫漫长夜，无论什么时间你都可以给他打电话，沙尔斯经常就是因为这种缘由而出现在午夜某个街边小酒馆里的。他的朋友复杂而神秘，有很多都是突然冒出来，然后就再也不会出现，这也许就是一种秩序，先是让人感到惊奇，然后就成为习惯，反正谁也用不着惦记着谁。

这个城市也像所有的城市一样，有它自己的暗道、密语和破损却又诱人的老房子，我和林暗君在街上散步时，经常会给沙尔斯挂电话，只有他属于这个城市，能够把握它隐秘的气息。不过后来我发现沙也有出差错的时候，严格说起来，他是事务缠身的人，几乎所有濒临破产的人都会找他做合伙人，因此不长的几年，他开过茶庄、饭店、电脑公司、户外广告公司、茶楼、足按店、食杂店和相片冲洗公司，还参与过不少于五家杂志的策划，最后它们都关门了，都是在沙尔斯手上关门的，沙尔斯成为了真正的终结者。不过事情还没完，正像本雅明说的那样，沙尔斯特别适合将铁锹伸向每一个新地方，在旧地方则向纵深层挖掘。他深思默想，他选择着自己的生活。也许他早就看清楚了自己最像谁。

有几年时间，我和沙尔斯并不常见面。我曾去过他的好几家公司，最喜欢的是安泰楼新华书店楼下的那家高名电脑。那一段时间，沙整天都呆在店里，没头没脑地做中外诗歌电子辞典，他也选了我好几首诗，完全按自己的方式选，几乎所有的人都知道这件事肯定做不成的，但几乎所有的诗人都支持他，给他寄诗，出主意，打听事情的进展，真的，我们都乐于这样彼此热爱，虽然各个独立，又实在喜欢聚在一起，诗人也许是生活在诗边缘的一种奇怪的昆虫。我每次逛完书店就会拐到高名去，有时就是为了去高名那儿，才特地逛书店的，这两件事好像就连在一起。沙尔斯放松而短暂的微笑是每一次去都能看到的，然后他会问一些你意想不到的问题，好像专门等着你来似的。这是沙的方式。店里常常会有一个打字兼接电话兼招呼客人的女孩子，看上去略有几分不羁，说不上漂亮，但比较性感，令我不解的是沙对这些女孩子总是冷漠极了，我注意到我在店里时，他甚至不会用眼睛的余光扫她们一眼。后来辞典是编成了，事情也就像大家预料的那样结束了。沙把几本编辞典时用的诗选送给了我，这也是他的一种方式。后来，沙还送给我不少电影 VCD 片，基本上都是折磨人的沉闷与意味深长，也许这有助于沙的夜晚，既可以打发时间，又不至于有太多忙乱的生理冲动。

现在我们时常在一块做事，约好时间我常常就在办公室里等他，只要是在鼓楼区的，他必定是走路去的，所以他来的时间总要比约好的时间更晚些。

从我办公室的窗户往外看，首先是一座著名的蛇餐馆极为丑陋的屋顶，店里的女孩子因为还没到服务时间，都靠着窗口无聊地看着每天都在那里的小院子。院子外面就是福州最重要的大街，说它重要也不知道说的是哪档子的事。总之，我都在这条街上走来走去，沙尔斯时常也是这样。我们是否因而有了更多相似的对这个城市的敬意与诅咒，那种注视、那种自恋、那种相互宽恕？有一天，和沙尔斯在华林路晋安河边上散步，沙突然说福州真不错，我马上问怎么不错，沙说越来越像东京了。我不知道东京是什么样子，但这种评价真是让我意外。沙又嗫嚅着告诉我主要说的是气候并接着和我谈起了东京与福州的似与不似，我没听清楚几句，那会儿是下午两点多，广告牌、车轮、行人、棕榈树、酒楼、插在栅栏上的彩旗，一定都在叫喊，街面也在颤动，没有谁搭理福州到底更像谁。我们正往五四路走去，我无法想象越过五四路，后面就是无垠的大海，这是不可能的，我不知道在沙尔斯的头脑中，会不会因为睡眠不足，或者某种奇怪而难以改变的时差，生活时常就成了一种梦幻。

有时"呜呜呀呀"

　　我的认识比较奇怪，当然我不可能与任何人商量我的认识，虚荣心使我这样，不止是这样，我的手也不大闲得下来，总之，我最快乐的就是"呜呜呀呀"，做到这些很容易，你先试一试，然后我们再交谈。我突然有一种向前奔突的冲动，就因为你一通电话，我所说的非我所欲，这你能理解吗？也许你所说的亦非你所欲，这一点，恰是我所欲求的，然而我说出的却是另一回事，多难啊，当我们心中的欲念要借助一种语言，受语言的折磨，扭曲，腐蚀，我们还能对语言抱有什么程度的信任！总之这并不是要讨论的中心话题，中心话题也许只能是如何在世事急剧迁变中维持"饶舌者"的身份，于"呜呜呀呀"中流露、坦白、遮蔽、宣泄、伪饰我们从生活中历尽时日获取的那些丰富的汗水，诸如"越是绝望越是淫荡"之类的格言多么强烈地脱口而出，就像被砍倒的树木在大地上有一个悠远的回声，从中我们想象流失多年的马匹现在返身进入我们的视野，才智开始于混乱，哪里天才聚集，哪里就是混乱的集散地。我向前奔突的冲动亦非空穴来风，每天每一刻我一百次地努力才使自己显得与年龄相称。我曾说过只有成熟才能有一种整体感，其实不对，鲜血的流淌就可以使人有一种整体感，这是每个人的天赋，不须任何后天的培育，因此，如果需要有一个最后的结论，我觉得无论何时能够"呜呜呀呀"，确实性命攸关，血肉的快慰强于任何生命经验的获得：生活正发生重大的变化，一种我无法相信的奇迹在每天清晨都发生了，阴郁使我睡眠准时中断，所有重复不易的现象都像是奇迹——对他人的控制欲总是更胜于自我节制——不能相信人的心灵，永远不，一张脸当他充分坦露时就是一种灵魂的标识……"这棵树和它的颤栗唤醒了整个黑森林"，"这棵树和它的颤栗"就是当我们"呜呜呀呀"

时解开所有欲念，把生命收束在一种简单明了的慰藉中的一个音符，一个变化，它是血液深处神秘的磷，是越来越炽热的自我祭坛上的火焰。我知道，每时每刻，无论多么平凡的生命，也都在不断凝结成一枚真正的歌唱的水晶，然而，有时它只是释放一下就在永恒的黑暗中与想念它的精神的大地会合了，生成为死亡不完备的练习。不过，唉，就眼下而言谈论越久，我脱离自己越远了，现在是"虚空在旋转"。

尘世的命运

从起床到起床是人的尘世命运明确然而毫无意义的概括，可是为什么还需要作类似的概括呢？就因为越是逼近毫无意义之处，语言越是近乎重复、呓语、嗫嚅、患上不可自制的哀怨，生命中芜杂的枝蔓、反常的癖好就越有可能被洞悉？如果在尘土之中，我们艰于呼吸，又有哪个洞穴，哪怕它是空虚中的空虚，我们能够获得畅快的恩宠呢？我所要探察的并不是莫测高深的真理（尽管我对这一点已愈加怀疑，但还是暂且不论），我所信赖的就是事物的表象，我认为只有表象揭示了本质，就像福橘的红艳、丰润意味内心的充盈一样。我多么渴望我总是能够坦然地承受：在开始与开始之间，一切命里注定的。其实，真正让我们沮丧的经验也不会太多，每个清晨仍是从那张床上醒转过来，一如所有的面对，虽然有时情不自禁地在脑里闪过多少有点厌倦的念头，这是六点四十五分，这是又一个值得翻转下去的瞬息，但是人确实各有其命，人的每个瞬间就是把命运放大到极限。

菲兹杰拉德曾云：我们总是要变得与我们所惧怕的日益相似。细究起来，我们"不情愿但不得不变得"与我们所惧怕的日益相似，责任并不在我们，或者不在我们所信赖的情感，也不在于我们无法控制住自己的努力——所有的本质之为本质，恰在于时间、命运、偶然，实际都是无法分辨的，尽管在不同的状态可能有不同的暗示，姑且这么认定吧，我们总是过于相信了自己。我们在不需深究也无法深究的事情上过于相信了自己。

我们也只能变得与我们所惧怕的日益相似，这样的结局并不算坏，只是让自己诧异而已，人的一切变化与终局都是让人诧异的，所以才求乞"顺其自然"，而"自然"又是怎么回事呢？我们能够借助的实在很少，倒是常常在溃败中遗忘溃败，在忍受中学会了忍受，血肉之躯才有属于自己独特的印记。

2000 年 12 月 26 日手迹

1

　　我从来就不是无师自通者。我模仿，我默读，享受一个片断一个片断，一次又一次的眩晕。快乐来源于一次冬雨的早晨，在生锈的窄铁桥上，凝视又黑又浊的河水，不见一丝的流动，变化，只有细密的雨点造成的视觉错误，仿佛向前移动的是桥。两岸绿地上几棵榕树，一年来几乎没有长大。可是你仍可以感觉到它们有些怪癖，比如树皮，翠得令人惊讶的薄叶，一片片舒展开来，在雨中像是招风耳。我面临着对自己的厌倦，玄想，一动不动，冰冷的雨带着隔夜的气息，一直能够看到不远处另一座桥，送葬的车队正在通过。更远处，还有一座，只有轮廓，真的像出自我的虚构。不知是鲜血还是某一根发丝，牵引着我，一个城市，某一处狭窄的河，一条蓄着因为过多的排泄物而格外疼痛的肠子，我迷迷糊糊站在早晨的雨中，构思着一个完整的水系，波光汹涌，那是在暗夜时刻，借助可怕的灯火，它仿佛要刻意造成什么暗示，尤其是现在当我想到这一切时，手已经把栏杆摸出一种更为腥恶的气味，我突然想用舌头把铁给舔一舔。

　　"……唉，诗写早了，成不了气候。应当推迟提笔，应当一辈子，尽可能长的一辈子，搜集感觉和甜美音调，也许最后可以写出十行诗来。"你可以猜猜谁能够说出这样轻盈而矫情的话语，现在我想用同样的方式说：所有的冒险，所有的兴奋，所有的意义和所有的荣誉都取决于一个词，一切的开始都是一个词，而这个词就是凝视。没有什么要选择，我站在这里，一切都变得不容置疑，一种强迫，从内心把我推出，多么错误啊，一些句子，也容不得细想，就移动脚步，自顾自地走远了，留下的影子在剩余的时辰又获得另外一种平衡。正是内心深处不时地鸣响，在我停下脚步倾听的过程，你可以知道每一丝的雨都那么难忍，但我们总是要介入。它极为简单，奔跑的人现在停下脚步，绝望的人现在扶住一条毫无起色的河，我说的是，每时每刻，你都能够透过自己的身体在某处凝视，某处的雨水在你散发余温的气息中仿佛飘过一个镜面，它能够飘出记忆之外。

2

有时候，每个句子，我都这样说：回到开始。有时候我以为自己是另外一个人，矮胖、色情因而充满了人性的尖锐与丰富，也就是说，更多地显示作为某个人的亲切。当我们凝神细想时，我们就握住了身体中最纤细的绳子，从一个夜晚越过了另一个夜晚。我们，某个物，无用的斑点。然而从未有其他的物像人一样体验着虚无、耗损、悬空以及自我丢失，我不知道我这样说从本质上是否透出虚假，我说的是血肉，鲜活的神经，滑入深处水银泻地般无法收拢的痛感，我不知道早晨当我终于从某一座桥上走开时，是什么力量让我口腔干燥，仿佛要急着回到一个马桶上。这些白天，黑夜，我坚持着探入我渴望的潮湿，生命如此易于变化，如此无法抵抗坚硬的事物，种种急促跳动，又四处奔散的文字，只有模糊的形象，只有不停的跳动，在我迅速扩张的大脑里，有一些声音同样不停地念响。夜晚啊，我们太不聪明，一夜幻梦，清晨，我们早早上路，如赶一个约会，鲜血冲上脑顶，持续地、含混地背诵着一两句语录，口袋里装着一天的粮食。

是的，是的，从一开始我就明白我与其他的物构成了关系。有一次我想到了一只白色的正在蠕动的虫子。难道不是它威胁着生命的意义？真好笑，人的厄运总是这样难以避免，又总是这样不值细想。那深度占据我们身体的经常是我们的自恋，不可禁戒，是一种腐蚀品。心地柔弱的人是一只用心向前蠕动的虫子。

洛扎诺夫说人在某一个时刻最像他自己。人在某一个时刻正用力向前蠕动，滑动，浮动，浮游在自己的身体之上，多么紧张的复活啊，张开的身体易受伤害，游走的灵魂在刹那间居住着另一个灵魂，相互吞咽，彼此拥有。我要用一只手指轻轻触及生命中暧昧的活动。

每个人都梦见过死亡的盛宴，唯一的死者在激情消退后仍有一张毫无变化的脸。

3

现在我所需要的是停顿，是禁止，是禁闭，是持续的戒严。你无法知道我所渴望的、手淫般不可抑制的就是这些美妙的时刻。我要用一只耳朵作抵押。我真不想说谎。现在只有"食道在工作"，这间临街的写字室，午后的注视，午后所有撞击、震颤、轰鸣，反射、话语、尾气，因为在我身体里，生长着精神的平衡器，我寻找一把小小的刀，要把手指切得薄薄的，我编织肉体狂欢的花园。

这漫长的煎熬，终于克服了对智力的依赖，我要做什么，要死于哪张床，我要贞洁，要跃上哪个高峰，对我来说，每一次躺在松软的被子中，几乎都要尖叫着捂住唯一的耳朵。我告诉你，亲爱的朋友，是的，那些病如游丝、色泽单纯、容易上手、柔软冰凉的还能是什么，痴迷不悟、死力一搏的又该是什么样的状态，某物，一经语言的赋形就受到精神可憎的腐蚀，无论生理的，伦理的，现在唯一要做的，就是，一俟灵魂收拢翅膀，我的肉体就全都腐烂了。

我安于"半途之中"。"半途"是一种宿命。没有嗓音的歌者，只要我们相遇，我就能使你把遥远的事物与眼前的歌咏联系在一起。我将注视你双眸的转动。

我已经察觉，这一次我说的是私人经验，我正在使自己与另一物相互隔绝。

4

另一物的住处离我不远。恰当的距离，上坡，下坡。

我固执地掩藏着某些特别的色情，不可示人。色情与阳光对峙，这是可证的。如果午后继续玄想，无非就是这些。午后是一个状态，短暂的睡眠，我的手捂在两眼之上，激情受到睡眠的毁坏，我的草丛里有一群蛇。

我创造着生命的形式，我忍受可怕的不适应性。

5

写作是可怜的自恋，留下的字迹将越来越少。

最近我返身沉浸于自我禁闭，我不知道最深的孤独，身体放松，要换一种说话的方式，因为整个心灵处在一个不能预测的边缘。某些季节，空气中即将涌现的色彩，把我投射在一阵尖锐的翻转中，好几个小时，我试图抓住鲜血引导的道路。

现在书写突然使我羞耻，我几乎坚持不下去。

6

我反复抄录午后留下的文字。无法还原出内心的阴郁，冬天迫近，崩溃的情绪传染给每个人，在我看来特别难耐的是冬天亮晃晃的阳光，落满灰尘的写字桌上，我努力使自己能够写出一两句格言，像被诅咒的屋子上的封条。

寻找相似性

　　我只是用笔重重地划下：我的征服与贪欲，我不喜欢任何的来历，以及任何事实在心灵与神经末梢投下的可变的阴影，任何事实所依据的情节、气味、尘土、伤痕都在记忆中混同于另外的情节、气味、尘土、伤痕。我们内心有一个说谎者，它首先是对我们自己说谎，然后借助整个身体恰当的配合，而得到一种微妙的体验，我们分享，并把享乐作为一种宿命。从早晨极度热烈的阳光，带给一天生命的滑动开始，它只在自己的轨道上，它撕裂，却不涉及精神，它滑动，几乎是盲目的，因为一切都是尘世的，因为牙齿、皮肤、关节、精子，都以衰败装扮日益真实的面具，因为最终一切都是本质，你必须正视任何一次的波动，你积蓄已久的恋情正在周流不息。你，当你只有本质，没有犹豫，没有局限性，再也无法向前跃出时，自我就把一切覆盖了。

　　就如一个孩子对我说"我家里的猫是只真猫"那样，我们肯定也有办法把自己"饲养"成一个"真人"。这是一个对我极有吸引力的话题，但我无法加以探究，甚至无法将这个念头固定下来，在伸手可以触及的地方。

　　当我想到自己，想到身体周围每天都晃动着与我毫不相干却越来越相似的肉体，无论我们如何掩饰，都无法改变彼此的相互模仿，我惊愕不已，惧怕不已。我同时认定这些简单的道理，亦是我值得欣慰的精神收藏。我有一座秘密的仓库。

　　当我想到自己，想到城市中人群的相似性，以及进而想到我所热爱的植物，我就知道我有充足的理由让心脏继续在尘土中跳动，并从所有的事物中感觉到唯一的欲念。

朝向天空的乞灵

　　站在屋前的三角地大声叫喊也好，哭泣也好，某种自我厌倦强烈弥漫开来，传染给所有的神经和表皮。我费力捕捉空气中飘浮的奇怪的文字，现在虚无的疗治，使衰老提前。我抵近内心被阉割地带，自由是对自我怜悯的一些嘲讽，总是过于稀薄，总是有待挖掘。

　　有一天带着窒息性的利己之心我发现了关于真理的一些细节。如火焰的列车速度炫目地进站，马上整个站台瘫痪了，过于沉重的财富不能在幻想与现实之间找寻平衡。

　　集中性命所欲，专注于模仿自己临时冒出来的一个手势。多么奇怪啊，在持续的练习中，是对手的依恋。

　　押上生命，在行动之后，乞求着解脱，在承受中体验着深渊。有时是你不能，这可以从血肉的反应中透出消息，有时是你所欲，战战兢兢，身不由己，不断探向错误的越陷越深的纠缠，仿佛只有面临着，才能迸发出押上生命的一击。而生命又如何，又如何呢？

　　让生命陷于绝望，血肉的丰富性马上就被削减到极限，向前奔突，用更绝望的方式坚守某一件异乎寻常的秘密，我们联系着这个世界的包袱太重！你却未能得到它的任何意义，你焦灼的目的地，你引导的地狱之旅程，撕裂，自我找寻，可怕的可触摸性，谵妄的话语，其实渐渐显明的，早已显明，在一刹那间，我们身体中的居住者。

　　必须努力摆渡，精子的所有者。必须听从来自深渊的暗示，一切都是本质。都是恰当的，含混的，等待着你的挥霍。

　　坚硬的物质必然短小，我漫不经心地使用着自己，这个情况令我无比烦恼，不可忍受。这并不是什么特别的发现，持续的状态就是一种生活的本质，在无数的细节中，躲闪着难以告人的溃退。

活在现在，活在每一个限度，每天都是向前奔突，每一个清晨的苏醒都是意外，显明着未知，显明着我们对确切性的渴求。

当我们仰望高处，一张几乎只为我肉眼所见的床，不清晰、不完备的形象，常常让我手足无措。

在彻底的孤独中，保持着自足的微笑，这是多么荒谬的命题。然而却是可以期待的，日渐一日剔除声音中的杂质、矫饰、妩媚，只有一个对话者，只有一种最后的限制，自言自语使思想拥有非凡的搏杀力。

那些无比苍白、脆弱、完全丧失希望的人，使我们长久地积蓄着一腔热泪，我们坚守在黑暗的边缘，我们在下坠的过程中多停留了三秒钟，我们洁身自好、自我怜悯与关爱、敬仰之情始终融为一体。谦卑的人，在谦卑中面对着他的爱。

仰望丧失希望的人，仰望卑贱的脸，仰望大地上"粗糙的鬼魂"。这种仰望使我无比难受，我几乎与魔鬼签了约定，在一秒一秒的生活中，我不停地翻转方向，仿佛要找到我最无法习惯的自我禁戒。每天的持续，每天从不可理解处开始的理解。

有时突然冒出来的"孤独的高贵"的欲念，我厌恶不已。我的孤独绝不高贵，我的孤独是自我贬损，是化作尘土般血肉的消隐。每天，我看见大地飞扬的尘埃，就有一种无言的悲喜交集，我听见了亲切的声音，我看到了一个亲切的声音。

每一张儿童的脸都令我惧怕。每一张，都稚嫩无比，都有一圈不断散开的圣洁的光环，真、善、美的驻持啊，多么有力，多么短暂，我简直不敢相信这闪耀一下就遁入黑暗之中的事物，它到底要启领我什么呢？童年难道就是人类长久在沉睡中生活的唯一的不断追忆，不断返回却又不断飘离的另一个自己？"最近在我身上所发生的……"每一个夜晚在我身上所发生的，因为它如此危机四伏，我把它看作是一个常态。

我楼下道旁一夜之间三棵芒果树都死去了。它们以死的方式唤醒一种不被人注目的存在。每天看着它们的死态，枯黄、失色、陨落，残局自己无法收拾，这种残局又分明是一种对本质的暗示。

我深爱的那个人怀抱自己的身影在大地上漫游，经历一次又一次精神的断裂，不断企及最深的孤独（我们的孤独还不够），又奇迹般在"许多彼此不同的做爱之夜"返回事物的表面，从而避开了哪怕些微的责任，因为"大地之子"的使命是传递"神的火把"。我常常在默诵他的只言片语让他的声音整个淹没了自己，我是看守果园的稻草人。

　　我乐于充当拙劣的模仿者。同时又低声下气地说：我只是拙劣的模仿者。

　　然而强势文化，强势声音，以及不断滋生的对它的依赖与信任，毫不奇怪地催生了尼采所说的"逆残废"。鲁迅也曾说过：大狗叫了，小狗也要叫。小狗的叫声既是模仿又总比大狗更为耳熟也更娇媚。不信你可以来几声……

　　突然睡意袭击了我，也许只有睡眠才最后中止了所有的恶念头，你简直可以把睡眠看作对生命的嘲讽，多么迫不及待，追赶着不断的重复。

　　10年之间我集中全部心事观察一个儿童，我仿佛用观察的方式重新成为儿童，不，重新经历人生开始之初的某些场景。我并不需要特别的粮食，我只是有点焦灼。

　　那些完全丧失希望的人就在我们的身边。那么令人作呕，被诅咒的人在草丛中游荡，我们的目光稍一碰上就闪开了，我们担心哪怕通过注视的方式恶疾也会染身，它不是恶，不是恶俗，但确实是一种疾病。有一段时间，城市几乎所有的道路，隐蔽的草丛都出现了这些可憎的身影，报纸开始议论如何清除有碍观瞻的"某物"，虽然没有后续的报道，我们却是真实地把他们看作了"某物"，城市没有眼泪。

　　城市是开阔的，雄性的，露出所有牙齿大笑的嘴巴。也许这是它所适合的方式。

　　当我想到我自己时，我就获得了一种把握虚无的尺度。冷静、单纯，充满了凡夫俗子的自足。这又是每日得以居住在自己的身体中的自足。每个人都是自己的边缘。

午后，自我一瞥

越是细小的事物，越是容易引起我的恐惧与不适。比如今天下午两点多钟，我正坐在屋里喝茶，我突然想要沿着江岸那边的堤坝走一走，然而从这念头产生开始，我所有的心事都花在回避这个计划的实现上。其实它只是一件多么简单的事，往那一条路，到处杂草丛生，远处是沙滩，更远处，一所农业大学隐没在树丛中的建筑。是什么力量纠缠住了我——这是多么明显的病态，我只能坐在自己身体的阴影中，用相互抵消的念头，使自己平静，使自己妥协。我期待的是什么——生活的绳索是慢慢套上的，为的是便于承受，可是能让我们想到的该是哪些绳索？所有肉体的享受都容易使人上瘾，其实那都是一些不坏的刺激，你想想看，难道不是这样吗？但是，我们心中的圣者总是先使我们丧失自我舒展的力量，紧接着各种灾难便接踵而至，我们开始变得又聋又瞎，陶醉于每日的杯盏碗碟，甚至，我们的皮肤也像纸张一样日益泛黄了，时间不增加肉体的反弹力。时间，使我们曾有的压抑感消失了，坐在自己的身体里，每一个念头都滋生另一个念头，每移动一个手指，另一个手指仿佛便受到伤害，我不由自主令人窒息地进入只属于自己的每一个瞬间。

我曾在很多文章中说自己是个模仿者，这是我的信念，一生实践的目标。当我这样反复强调时，那种撕心裂肺的痛楚已经减弱了，撕心裂肺并非出于对自己丧失"原创性"的自我惩罚，不是这样的，我担心的不是这些，你可以相信，那种强烈的疼痛仅仅出于对人的相似性奇异的体验，正因此它才可能在反复出现后"自然而然的"减弱了——现在我突然想到的是基尔凯郭尔给丹麦克里斯蒂安八世的戒律，这些文字我从卡尔·波普尔思想自传《无穷的探索》中读到，该书由福建人民出版社在 1987 年出版，原文如此:"首先,国王长得丑是件好事。"(克里斯蒂安八世长得十分漂亮)"其次,他应该又聋又瞎,至少他的举止像又聋又瞎,因为这可解决许多困难。……再次,他必须少说话,但是必须说一点什么情况都能用的话,因而也就是没有内容的话。"然而我现在想的却是,我为何仍在喋喋不休,就像所有能发出声音的动物那样,"说"大体就是一种自我娱乐,因为它的意义彼此抵消,仅仅是低级的日常化的口腔快欲的满足——我总是从反面施与肉体的战栗,我总是把自己作为一个寓言,在那里如果有什么使你不安,肯定不是毒品、烟叶、酒精、茶、赌博、性爱,而只可能是竭尽心力的残忍、痴迷、自我缠绕,你可以退到远处、更远处想想,还有什么比人自身更为荒诞。现在,我低声嗫嚅,我才感觉到和自己所有灵肉的惊悸已经浑然一体,再也无法超出自己了。

大约 10 年前,我开始经历精神的脱胎换骨,逐渐成为最像自己的那个人,可以这样认定,时间就是 1991 年,这之后,所有的遭遇、经历自动地进入唯一的凹槽,像是命运的约定,谁能和我一样热爱细小、含混的影像呢?我把灵府安放在那里,只有如此,才有自虐感,才有令人作呕的向生活的投降,才能获得内心脆弱的支撑物,同时不会有任何人愿意和我分享这一切。你说奇怪吧,当时间的潮水长驱直入,我已经掌握自我疗治的所有秘密,那些我独自享有的秘密。

门后的座位

1

"在这幢房子里，跟在其他房子里一样，并非人人皆受欢迎，并非人人都享有一视同仁的待遇。有些人占据餐桌的上座，享用最佳的菜肴。这些人可先于他人看到上桌的菜肴，择己所爱用餐。另一些坐在有穿堂风吹过的位子上，他们至少有两种菜肴可供选择。还有些人则居末座，他们只有一种味道、一种颜色的菜肴可用来进食。但门后还有一个座位，在此落座者只有靠一个根据传说讲述故事的人的话来充饥果腹了。"——这是塞尔维亚作家米洛拉德·帕维奇在《哈扎尔辞典》中描述的房子中的景观，我的兴趣落在门后那个座位上，一个靠听故事充饥果腹的人。在门后，那里阴暗、隐蔽，不为人注意，那个人被迫进入了故事之中，也许当故事一结束，他就要绝望而死。然而故事还在进行，他的生命便得以延续，他的生命便是荧荧鬼火，闪闪烁烁，却能不可思议地坚持着。也许，他早就对挤入餐桌旁的可能性绝了念，现在他享用的与其说是故事，不如说是精神的虚空，是饥饿喂养的饥饿。从占有餐桌位置而言，这个人的一生业已失败，他被弃置，却因此而成为一个奉献者（无论他是否愿意），把自己的灵魂献给了那讲故事的人，或许应该说献给了无法确证但可以辨别的不断持续的"声音"，现在他变得毫无重量。

想想吧，在那个叙述者声音的间隙，这个没有面目的人听到了餐桌上几乎所有的杯盘碗盏的"低鸣"，他肯定知道这同时是他身体的鸣叫，在他的身体中灵魂的声音和肉体的声音交织在一起，多么折磨人的锐利的听力。隐蔽在暗中的座位，几乎就是一个不为人所知的囚室，我突然想到了卡夫卡的叮咛："理解这种幸福：你所站立的地面之大小，不能超出你双足的覆盖面。"这个座位的大小恰好容得下身体的"覆盖面"，又因为是在门后，我们甚至无从辨认一个肉体所构成的阴影。其实，也不需要辨认，它在那里，在不断持续的故事中，并为没有叙述者的声音所承载、喂养，具有一种令我们不安的形态。

2

这几天我强烈思念着题为《旅行者本身就是旅行》那份文稿。星期一时我将它交给了印刷厂，那位黑瘦、疲倦的中年妇女，极为勉强地收下了。"我们厂所有打字的女孩子都怕你的稿子，蚂蚁一样的字，你为什么不配一个秘书呢？"说着充满怨恨地瞪了一眼，一颗金属牙齿淡漠地闪过。我做的第一件事是坐下，然后开始想象一份文稿奇怪的旅行，被传递、被辨认、被歪曲、被输入机器、被迫变得面目全非，某一天回到我手上的总是另一份……实际上所有的遭遇，都构成了生活的某种稳定。我写作，我等待我所写的文字以另一种形式回到我手上，我仿佛是一个等待在梦中把梦托付给另一个做梦者的人。做梦就是渴望相遇，就是把隐晦的欲念当作了贫乏生活的营养品，舍此之外，我们还需要什么呢？

每份文稿，当我第二次阅读时，写作者已经与我无关。

如果不是过于挑剔，我们就能察觉到在这种"无关"中隐含着某种惬意。

3

一大早我就愁肠满腹坐在桌前，我不知道自己要做什么，其实我知道自己要做什么，只是无从着手。我已被折磨了一夜，一个主题，一个欲念，在我期待中缓缓升起，我仔细辨认，发现它只是有关于写作的模糊的冲动，悬挂在我的右肩膀，我无法轻松地挥挥手。

昨天一整天，我都与A在一起，接受他的谩骂和絮叨，很奇怪我不但没有厌倦，分手时还与A约好了下一次会面的时间。A的疾病恰好是我所需要的。卑微、贫乏，没有危险，A有一张婚后男人很快对婚姻对生活失望的面孔，让我意外的是 A 一直在思考着自己的生活，他说：我已经到达了，现在无法返回。可是他到达了哪里呢？这正是 A 的烦恼所在，因为他要探问的就是这样的问题。有时候，我扪心自问，到底是什么原因，使我长久地沉浸在与 A 有关的状态里呢？

生活着，就是寻找生活的理由，适度的病态，并不是病态，而是对自己的"宽大为怀"。恰恰是因为无数来自生活底部难以计数的平凡的丑，推动着生命的继续。从那里我们生出对自己洁身自好的尊敬，也生出对身上污秽的理解，散漫与无聊，冲动和做一件事的愿望，都能使我们的每一天像是真正的生活。在虚无中，有片刻的平宁欣慰。

4

我弄不明白的其实只是我应该是怎样一个人，这也许正是因为太明白了而生出的不明白。有时候，我让自己的头发凌乱不堪，站在卫生间的镜子前，我盯着自己看了很久，我实在不明白这张脸有什么两样，同样多肉、眉头紧锁、两眼疲倦。只是镜中的两眼看上去略有些漠然，像是在想什么心事，也只有我们的眼神才能透出一点消息。

一整天我几乎做不了什么，我在街上跑来跑去，为了一点点琐碎的目的，不断地等候绿灯、等候汽车、等候电梯，最后是等候要找的人。我几乎认定我一辈子要在这条街上奔走下去了。

真的，到了下午三点时，我突然感到透不出一口气了。然后就是这个"透不出气"的想法，一直支配着我，这样的想法含有自我怜悯的意味。

佩索阿说"生活是生活之死"，因为我们活着的这一天是我们正在失去的，一分一秒向前移动，就是不断地把自己的存在抛下，就是以生活的方式证明死亡已经发生。

如果你说"光阴似箭"，就能明白逝去的真切。不过当我在街上奔走时，我想的不是这些。我只想我要做的事，一座大楼，一些脸，叠现在一起。它和我们形成了有趣的相互证明：这一天中共同的瞬间在彼此的注视中。

5

相信我们所看到的，给我们带来极大的安慰。因为在我们眼中世界仍然是原来那个样子，朴素、自然、真切，值得信赖，也只有对之继续信赖，我们才能相信自己的智力与判断。谁都愿意每天仍然能够融入那条一辈子都无法离开的街道，甚至谁都不会想到这样的问题，一早他离开家中，然后就在那条街上了，身体的滑动一点都没有异样，我深信所谓的幸福，往往源于这种日复一日的单调。

说起来很简单，生活就在生活之中，生活就是每一个人的自我肯定，只有每一个人的生活才构成这个具体的人一生的场景，有时是平淡中的喧嚣，有时是对自己安慰的泪水，从我们自我注视的眼中，我们还是那个样子，有一些东西会一直保留在那里，并随着生命的进程，被某种力量固定成难以改变的记忆。多么奇怪，正因为我们还活着，我们相信每一个今天都是正在发生的今天的过去，拥有今天正意味这一天已不复存在。

淫荡的艺术

无所事事的凝神的时刻，我顶多想到的就是油腻的、无比滑稽的、每日上演的活话剧。就是那个具体的人败坏着我的胃口，因为他的每时每刻活动的不断膨胀的存在，因为他竭尽全力所显现的后××时代最低级、最卑劣的自我丑化，以及对这种自我丑化更为可耻的相互模仿。

下面我想以波特莱尔的方式继续陈辞：

每一次表演之后，人们总是更觉得孤单、更有被抛弃感。于是很快就有第二次表演，就有不断填充的"各种才能"的头昏目眩，就需要有浩大的阵势创造的不可思议的光怪陆离。最后是轰鸣、震颤、哆嗦与意淫。最后是我们又一次得到确证，"正是在痛苦中有着一切快感"。

上午，当整座大楼还是一片寂静，我对着一块窗户，仿佛M正从空气中向我走来，我一下子明白了，我所渴求的不是一次宣泄，也不是扑上去对M咬一口。在我眼中，M幻化为一组数字，成为"从数字的繁衍中获得享受的一种神秘表现"。M顿时像空气一样从我眼前消失了。在寂静中我是不能出声的，我真的感到了一种难以承受的恍惚。

好几年了，我没有像今天这样在清晨不期而遇地想到波特莱尔。有一次也许也是在神志不清的情况下，他这样说："什么叫艺术，艺术就是卖淫。"天才的艺术家就是日益使自己变得淫荡的人。

波特莱尔不是一个善于控制自己的人，我喜爱他的离奇的洞见。

写作的毁坏

　　我能继续"缺乏关联性"的写作吗？写作的过程常常就是对某种能力的问询，激烈的，信马由缰式的思想，使我不能专注于某个关节点，哪怕已经意识到在此我必须全力以赴，可是我太缺少聚焦爆破的能力，我总是从边缘滑过，我的热情仿佛只在于逃逸之上，在断裂处，在篷隙，在一种由不断的逃逸而形成的藏匿洞穴。我不知道对我这样的写作者如何才能获得稳定的控制才能——我就是不停翻转，不间断地自我争辩，自我质疑，对撕裂感有一种绝望的饥渴：是的，写作从来都是对灵魂的犯罪，再也没有力量能把我从战栗中解救出来了。

　　当我们曾经拥有的天然的平衡感从身体里消失，我们才真正成为不可救药的漂泊者，无论身居何处——一切都已经毫无意义了，漂泊并非仅仅指向居无定所，缺乏归属感，漂泊从来都是灵魂的事。我走过那条每日必经的大街，也无法找到使灵魂稍许安宁的对应物，物质世界与灵魂没有关联，但物质世界与精神的合谋毁掉了我们信赖的直觉，只有极具破坏性的偏执之路，在这个时候供我们任意驰骋。

　　今天我坐在不可思议的自我释放的力量中，哪怕转瞬即逝，都会有这样的时刻，然而我知道我将无所事事，一无所获，我只能向自己的灵魂乞求，能将我引渡向另一次癫狂的肯定是我自己，它简直无恶不作，在喧嚣之中，步步紧逼，我不知道再一次的翻转，灵魂的破坏会不会更为彻底。

失效的疼痛

我什么事都做不成了。疼痛攫住了我。今天肉体的不适应性使我浮想联翩，我们总是受制于时间虚幻的下垂线，我开始觉察到衰败的末期，仅仅是简单的重复。

因为见不到我信赖的那张床。整个世界都患上思念症，最终的，不可或缺的一张床能够救援我。当我说救援时，我说的其实还是一个病症。我奔突出来，以便自遣消费。身体被阉割的激情支撑着我。

现在就是一种清算状态，我获得了没有依据的清醒，我开口，一连串的形象打断我，消耗我，分解我，语言制造了我几乎无法拒绝的虚假情意。上午，我注视着朝西的玻璃，直到我的注视失去方向，我却没有失去耐心。

我庆幸心灵是可以觉察的，无论沉睡还是在屋外走动，我都带着自己的心灵，这种想法使我沉静，脸色看上去也好受很多。

我想到我的职分，我就像受到终极真理的暗示，我就能看到整个景象，我就是正在患病的神——哪怕在一个瞬间，我仍然牵住自己的发丝，我是呕吐者，是憎恨者，是失语者，是自恋狂，是全部事实中最微不足道的理由，是被自己践踏的影子。

我潜伏在南方的植物中，我找到心悸的处方，我不急着医治自己，其实我正等待变化，我总是这样，每天推窗先看看广场上的雾水。有时从下半夜开始下雨，我的梦马上开始潮湿了，我努力捕捉能够继续回到梦境的唯一的声调。只有眼泪，我的思想再也不会生成了，衰败一天又一天地威胁着，它又来得极为缓慢，我推开窗大声喊叫，更快一点，更强烈一点，不要一丝一丝地阉割，不要使生活一天甚于一天地针对着我的疾病，我听见整座楼都在敲击水管、墙壁，都在回应。

而另一个声音则在我内心平静地说：只有你真该早一点在我身旁。我用整个灵魂使身体空出了位子。只有你是唯一的分享者。

　　我无法细加说明，时间对于我的打击。我熬了多久，看到的仍然是原来的一切。我只能以卑贱的方式，继续坚持已久的自我消费和自遣平衡，继续对自己的想象。

　　每一次我都希望有另一行字阅读我。另一行文字把我带走。如果有另一行文字，另一种酷刑也许更适合我。强烈的声音在我两肋上拉锯，我就是这样感觉的，我迷恋陌生人细碎的话语，它说的是消逝，当声音出现，消逝就开始，你留不住，你又惧怕，因为你把生命穿透了——不要针对我的血肉，不要针对我的疼痛，唯一的本质，现在是温暖我的话语。

　　没有进退之间，没有非裸露状态，现在的处境比较适合我低头注视自己。因为没完没了的挥霍，我们拥有继续挥霍的权力。

写下就有点虚幻

如果再不能写下文字，我的夜晚几乎无法维持下去了。有无数这样的夜晚，我只是坐在那里，多年来的身影变得越来越没有价值。不知道为什么我心里总是想象要与自己决裂，我就希望毫无准备地倒下去，唯一的理由就是：他已经死去了。其实真正恼人的事情，往往也是最为简单的：

你站在远处，

你听到叫魂的声音在身后。

有某种东西站立在我与尘土之间，挡住了我的视线，在没有遮拦时，我会变得更为疯狂，更无廉耻。奇怪的是，我心里没有罪恶感。这种品质需要培植，需要时间磨练，因而也是特别有害的——我付出的是生命，是肉体精微的波动，一切总能像期待的那样——一个活生生的人，当我这样说时，我看到了鲜血的引领，他暗中改变了什么并不重要，重要的是，在我的注视中，我对他施下咒语，他就成为我本质的一部分。我对他注视越久，对自己的伤害越为深入。但是，经常，我迷迷糊糊地陷于持久的亢奋。

多日雨水冲刷，树林里仍然混合着精液、稻草和野菊花的气味。我从中穿过，心里莫名地波动，每一小步，每一小步，渐渐地，我知道一切都出于某种自我暗示，我只是多年来乘着春末的雨后，在这里反反复复地游动。不过我又想，或许这一类的说法也不算负责任，比如有一次，午后趴在写字桌上睡着了，不知过了多久，电话铃声大作，我慌忙伸手想按住铃声，突然就醒了过来。在短暂的梦中，我恰恰到了树林里，我嗅到了自己身上奇怪的气息。只有到了梦境那里，你才能确证魂魄是怎么回事，身体的感觉多么靠不住。

我最喜欢的就是下午两点到三点之间。一天只有这个时间能够让我随意在窗口注视，或者就趴在写字桌上。这个时间我经常会想到自己身体的丑陋。每个器官，各种功能。这种省视是惬意的，罩着一层渴睡的薄纱。

绝望的逃走

多么不可理喻的坚定，60年的隐居。"我尽量隐姓埋名，尽量不抛头露面，尽量默默无闻地生活——这是我唯一的目标。""让我自己创造一种孤独，让我用尚存的抱负和高傲在心中建起一座修道院吧！"第一次见到这个名字——埃米尔·米歇尔·齐奥朗，一个隐居在巴黎的罗马尼亚人，他做到了，他的一生仿佛只为证明孤独的可能性，所有的收获则是彻底的悲观与虚无。我读着他的作品，时时旁逸斜出，想到另外的问题，什么样的土壤竟能这样允以一个人率性而行的所有条件？奇怪、温馨的自由空气啊，我无法爱慕齐奥朗孤独的身影，却渴望着他的居所以及整洁宽大的书桌，那里有一座"隐隐约约的伊甸园"。

然而说穿了，仍是齐奥朗造就了自己的生存方式，要做就做到底，孤独竟是所有的，也是唯一的慰藉，他究竟是个硬汉，抑或不可救药的懦夫？"我写作，就是为了不用采取行动，就是为了避免一场危机。"我写作就是为在独享状态中爱自己，也就是要一次次撕碎既无比自私又是唯一自我拥有的身体，齐奥朗说："我只愿在爆发性状态中，在狂热或高度精神紧张中，在一种清算气氛，一种痛斥取代打击和伤害气氛中写作。"这种气氛难道不就是一种癫狂？犹如一闪而逝的光，一张惊骇的脸被自己放大了无数倍，从来就不是心如止水，而是无数次的"突然失衡"，从头到尾的眩晕，对所有的一切，对人类的厌恶与仇恨。他说："所有真正强烈的一切都同时拥有天堂和地狱，不同的只是，前者我们只能瞥见，而后者我们却有幸察觉，而且还能感受。"这个地狱深埋在肉身中，无法疗救，也没有力量抑制我们同时对它的花园中特别艳丽的那些花的喜爱，这是多么矛盾又常常被我们混为一谈的体验啊，越是狭窄的道路，越是有助于灵魂的深入。也只有这可怕的混乱，才赢得我真正的喜爱。我阅读，我随手写下，不是为了叙述，或是评论，只有不断地撞击，撕咬，喷射，直抵心中本质的力量！

我偏爱那些偏执狂，只有他们自我怜悯而一无旁顾地走在认定的窄路上，最后总是毫无例外地被无法自制的心中的力量刺穿，而成为令人惊悸的幻影，一个异类，仿佛活在时间之外。

说来奇怪，我一下子就从齐奥朗身上嗅出了洛扎诺夫的气息，另一位伟大的隐居者，偏执狂，自恋患者，幻想家，我喜欢的作品《隐居》的写作者，"我扛着文学如我的棺，我扛着文学如我的哀伤，我扛着文学如我的厌恶"。我多么希望挖掘出一个洛扎诺夫谱系，蓦然之间，就能获得"无限的幸福，狂喜的视野"。

我非圣贤，我也能完全独立。这是自我认定的一条道路，在无数次否定之后，等待着我的是又一次嘲讽。

齐奥朗告诉我："历史上伟大的时代是那些'开明专制'的时代。过度的自由以及过度恐怖都无法让精神繁荣。精神需要一个可以忍耐的枷锁。"齐奥朗肯定不是故作惊人之语，想到他漫长的隐居生活，想到他主要是身后才赢得的荣誉，我想齐奥朗所关心的并不是话说得是否有道理，他不关心"道理"，而是"绝对的本质"，每时每刻面临的深渊，撕裂与幻觉中对"真理"的洞见，我可以借着他的"视力"去回溯中国的 20 世纪，我钟爱的是鲁迅成为鲁迅的那个时代，阴晦中的灵光一现。

一个没有经过长期自我挤压的人何曾有过写作的需要？谁又能"自然而然"地把"写作"作为生活方式？写作是精神分裂的疗治，是慰藉，最后则是解脱的幻觉。最好的图景在我们的笔下，泪水也在笔下，隐藏至深的人在心中激活了一个读者，因而，齐奥朗写道：连续数年我都将自己视作一个完美无缺的人。

尖锐和晦涩向来是我的喜爱，这种喜爱可以看作是生命品质的一种说明。内在的生命力量总是使我趋向于自省和自我收敛，因此我所要做的就是不断地返回，尖锐化作对宁静生活的伤害，没有自由之境，在内心也没有，时常恐惧和孤独逼迫着我，也许，人的天性使之然：我必须做点什么事。生活已经把我所有的骄傲粉碎得无影无踪。

而"继续写",则是我身上最隐秘、最卑微、最赤裸裸,只有一羽毛重量的生命冲动。让我沿着中年人这条自我丑化的路缓步向前,没有力量能够阻止,像遥远的年代某位诗人说的:我在我的脊梁骨上跑,我在我的神经上跑,我便是我了。有什么事物能恰当地称量出人面对时间流逝所发出的叹息,与其强忍泪水,不如在绝望的大街赤裸着狂奔不已。

像惯常那样,我想着一件事,我琢磨越久,越感到它没有任何意义——先是模糊不清,然后完全缺失。任何一个汉字,也都具有这样的特征,它仿佛在与我们捉迷藏,不是它的隐秘,而是我们长久的注视下突然出现的空白,从每个字内部。不是对意义的质疑,也不是对无穷尽的意义的挖掘的中途迷失,仅仅是因为那么习以为常,那么执着中所体验到的战栗。

我想哪里有什么"创造"的快乐? 一个生命出生了,亦即"必死之物"的创生。凡"必死之物"必无完美可言,他必死,被规定,依赖于所给定的条件,短暂,甚至总是脆弱,我们难道不应该因此自我悲悯一切"有死的生命"吗? 齐奥朗引用了一位诗人的话:"我们在世上的时间有限,不够用于万事万物,只够花在我们身上。"事实上,如果我所花在万事万物上的时间是不够的,花在我们自己身上的时间也是不够的,因为我们与万物相互依存,相互映照,并无截然两分的彼此,我们实在无法解开与万事万物的缠绕。这一切是多么沉重的挤压。生命短暂,迷途处处,某一次的旁逸斜出,当我们要理清头绪,说不定已经陷入了更大的迷乱。黄克剑说:也许人的一生只能做一件事。这将是什么样的一件事? 编织草绳,修炼诗艺,还是宦海行舟? 每一条道路都有无限的岔道,最终所有滔滔不绝的话语都近似胡言乱语。唯一的道路,只能是向死之路。哲学是学习死亡的学问,其他的技艺呢? 说到最后,我对万物与自己生命的特质真可谓一无所知!也许倒是凭着这一点,我有了一种能够自我怜悯的优越状态。

今天,我们存在已框限于无法挣脱的疲惫,生的乐趣仿佛被自我凝视代替了,再也走不出低矮的门槛,"初始将像是结束",对死亡的恐惧也沦为一种矫情,再没有什么还需要体验,没有下一个旅程,也没有危机需要克服,我们心安理得地迎向所有正在发生的溃败,成了自己的旁观者。

虚无的证词

1

实际上，我极不愿意写下这样的时间：2003 年 4 月 5 日，傍晚略有一点凉意。有时候你注视着某个数字，你怎么会相信就是你现在所必须面临的一个特殊的时辰——为什么是现在，是此时？你书写几个数字，作为一种叙述的开始，因为你实在没有办法忍受别的方式。我内心好像有一个沉睡的广场，它仍然沉睡，有浑浊的阴影，有不断蔓延开的边界线，我喜欢伪造我的存在。

只有一次我站在石碑前。我像一个失魂落魄的人吗？我内心有罪恶感？我想从石头中看出什么，然后，就可以变成谁？其实，这是不可能的，现在我的生活已经违背了我的原意，再也无法离群索居，再也无法活得像另一个人——毕竟在某一个时辰，我尝试过在持久的注视中让自己成为一只猫，仅此而已，古怪，伪饰，虚张声势，然后，却又很快恢复了原貌。我坚持的到底是谁的信条，"谁想变成一只猫，都是不可能的"。

今天并不好受。下了一夜的雨在黎明前停了，清晨阳光普照，我走在路上，我要走到何处告诉谁，此时此刻我们内心的亡魂，确切地说，我想到一些珍贵的名字。我无法确定我是不是因此也希望当我走在路上同样有人叫出我的名字，在 2003 年 4 月 5 日。

2

我写下一些片断。

我知道各种改变都是可能的。其实我更希望能够直截了当地说出内心

旅行者本身就是旅行   137

的真相。我想说的是一个事件，是对这一个事件我的证词。

可是我无法做到这一切。

一直就是这样。我承受自己的存在，在苦想冥思中把自己理解为一根羽毛，一个人自由的羽毛，也许还是一种"主观的虚无"。经常当我觉得一切都不会错时，我说的并不是我的感觉，我不知道为什么会是这样，为什么我的感觉已经逃离了我的生命，我是谁，最应该成为谁。

在这个潮湿的城市，我熟悉所有的街道，我经常站在临街木屋的小窗前发呆，我心中的黑暗甚于一切——这不是我的过错，我没有过错，我已经忘了眼前的事物。

真的，更多的时候，闪现过某种惬意：缓慢的走动，窗外流淌的街景，一张张丑陋、彼此都很习惯的脸，不知为何，我对自己有点腻，人就像只能活着那样活着，因为眼前的一切都是对的。眼前的一切在每一个消逝的瞬间都处于自己的极致，你无法辨明，你也无法触及。

你是一个顺从者，顺从者是毫无希望的。也许你会接着说，这其实就是你所希望的，你与另一个顺从者站在一起。

3

我是在所有的事物中咀嚼自己处境的胆小鬼。

我也不知道我如何给自己找了一份这样的工作。总之，这是人生的转向，从脆弱转向惊惶——费尔南多·佩索阿说，"在你的梦想中没有不能到达的地方"，但这又能怎么样呢？我们触摸到的只是气息，事实是你永远到不了那个沉睡已久的广场，灰蒙蒙，没有边际。但我却想对自己说，我能接受的也许就是这样子。我轻易地就改变了自己的思想，"这只是一件工作"，简单的信条胜过生活中复杂的逻辑。比如现在，在昏暗的灯光下，书籍把我困住，我相信我看上去会高尚些——因为此时的生命并不属于我，我阅读，因而能够继续活着。只有凯尔泰斯·伊姆雷才会夸张地说："活着的愿望就是一个极大的讽刺。"

我活在自我需要之中。逃离的需要，自我折磨的需要，自相矛盾的需要，遗忘的需要，自我谴责的需要。

最后，又是"我只认得我自己了"。

4

必须记住你爱的人，因为爱情已失去，
必须记住一些夜晚，你曾经愿意为它而死，
必须记住热烈而惊异的眼神，
必须记住你现在是为遗忘而活着。
必须记住你仍然是一个沉默的人，
每一次你脱口而出的总是旧词，因为你
总是活得忧心忡忡，仿佛每时每刻都承担着重责。
我接受我的惊异，我的憎恨，我的幸福感。

5

我承担着自己的虚无。我热爱这一座无边无际的广场，我知道不是我的爱具有象征意义，而是几乎每一座坐落在城市中轴线上、相互复制、彼此可以替代的广场构成了深远的意义。

而我能够大声说出我的需要吗？在这里，某一个时辰，我们能说自己还有勇气，甚至尊严，甚至我们还愿意为某一个象征而自由地选择自己的行动吗？

每一个深渊都是不可逾越的。如果我们仍有信仰，就不难读懂所有的警示。

某些词，跳跃在前方

1

"某些词"曾是我唯一的喜爱。这些词从本质而言，一定具有一种令人心酸的柔软性。我们太不缺少这样的经验了。在扑面而来的文字中，"某些词"一下子击中了我们的眼睛，此时它们便开始在我们的记忆中以另一种不为人知的方式生长。我们总是怨恨这个世界，那些钳制、粗糙、冷酷，甚至夜晚躺在床铺上最能感受到的永逝。总之，活着就是斗争，最后，我们却仍然要折服于肉体的需要，适度的爱抚。我们一直期待的某些词，让我紧紧地把柔情抱在怀里。一些词，蕴涵着足够的泪水。

尽管如此，我并不认为如果不阅读，我就会死去。只有在阅读中死去，才是一种体面的死亡。人可以被消灭，但不能被打败，也许吧。这一类思想其实并不是什么思想，而是一种句式，一个精心杜撰的句子。

你看看吧："幸福的家庭总是相似的，不幸的家庭各有各的不幸"，"不幸的家庭总是相似的，幸福的家庭各有各的幸福"，抑或，"幸福的家庭各有各的幸福，不幸的家庭各有各的不幸"，你更喜欢哪个句子呢？仅此而已，你在阅读，你被自己感动了，你无法说出来的语言给了你一种抚慰。

2

一些人追求荣耀，另一些人则追求真理；还有一些人从不知道自己追求什么。我也想说："我冒昧地属于后者。"

3

因为经常无所事事，我的时间属于一些句子，几个判断，有时则是一两个似是而非的格言。

我喜欢格言，格言是不负责任的。

4

我宁愿读"没有知识的信息"，宁愿数小时站在窗口，注视着远处，宁愿更长时间头脑里一片空白。我仍是清洁的。我知道在贫乏的时代，我要避开什么，我总是本能地站在沉默者一边，总是本能地怀疑喋喋不休的世界，我没有自己的事业，抛弃那些彻夜喧哗，盘踞在我们耳鼓之中的充满暴力与偏见的语言，就是我的事业。

最重要的是凝神呼吸。自觉地，让我们抱着最美妙的幻想，去迎接词语的呼唤，在我们的期待中包含着更深的期待：有一个救助者唤醒了我们肉体的记忆，对万物和生活的信赖。因为我等待已久，我便有机会享用它的汁与蜜。

5

写下任何一个句子都是困难的。一个句子包含着世界的一种秩序，一种平衡。一个句子就足以暴露我们掩藏很深的内心秘密。要写任何一个句子，我们总是动笔太早了。但你还是写下了一个句子，你的文字多么笨拙。

6

我走在路上，我知道我回到书桌前时，将无法写下任何一个字。一个下午，这可怕的念头一直盘旋脑际，多么矫情，多么做作，然而又是多么具体的可怕。一个人在一个下午，失去了对文学的信任，他发现身体因为承载着自己的沮丧而笨重了许多。"我确信自己比任何时候都脆弱，都更像生病了。"只有文字才能确证我们的平庸，写作没有消耗我们什么，是等待，自我否定把我们耗费以至于彻底摧毁了。

一张书桌使我沉静下来。我无休止地返回，我对自己还不够冷酷。

7

我总是想表达出某种"有意义的"个人经验，单单这一点，就足以使我变得更为沉闷。时常心烦意乱，时常饶舌、冥想，昨天是一次审讯，今天是无望的挖掘，我奔赴于一个个词语之间，我遭受着痛苦。

8

我在写作的中途，经常要回到一些孤独者那里去，只留出一些文字，没有其他面目的孤独者。一些沉默的词。

你想想吧，我们置身于怎样枯燥的喋喋不休之中。实际上，我已经厌倦了再对疲乏、暴力、强制作任何的述评，我的激情已经在抵御中耗费大半，现在是隐退与厌恶，现在需要在沉默者那里做一次有关健康的手术。把身体浸入冰冷的水中。

9

今天上午我收到一份学生刊物，我看到一篇无比纯净的杰作，被一位五年级的孩子署上自己的名字。我告诉校长，你不必批评什么，能抄袭如此优美的诗作已足以看出孩子的眼力。我不知道我做得是否对，每一个词都有自己的声音，每一个词对不同的人都用不同的方式发出引诱，最优美的词能够使我们看上去和昨天有所不同，就是最绝望的词一旦写出来，它传递给我们的也不再是绝望，让我们细细地抚摸它美妙的身体，让我们顺着自己的感觉迷失在所有的岔道上吧。

一些词隐含着对不朽的仰慕。

而有一些词则在猝不及防的状态下被仓促地使用。

每分每秒我们都生活在一些词之中。

　　不要再过多地期望。没有任何的词能够使我们的灵魂变得安静。一旦你窥见了某种世界的秘密，你到达了某个神秘的入口处，你就再也别想得到片刻的安息，现在是词语在说话，是可怕的混乱；是更多的词语相互呼应，是更应令人费解的，"其实我什么都没说！"

　　我不知道我写下的一切，是不是正催促着我的语言更快地进入死亡。是否我也因此避开了我所惧怕的事物？

　　人人都和词一起写作。

幻想之眼

◇

片面之辞

"真正的道路在一根绳索上"[1]

安德烈·纪德曾经心事重重地说道："我们一生中都为对自己的道路没有把握而苦恼。我该对你说什么呢？细加思忖，一切选择都是可怕的，连自由都是可怕的，如果它不再受某种义务引导的话。就像是在完全陌生的地方需要挑选的一条道路，每个人都在寻找自己的道路，而且——请你注意——只为自己在寻找；即使是最荒僻的非洲的最不分明的痕迹，也不会让人这样捉摸不定……"显然伟大如安德烈·纪德也实在帮不上我们什么忙，如果我们正伫足注视着前方，即便时光已经越过一个世纪，我们经历的仍然是与安德烈·纪德同样的困境，仍然需要"寻找自己的道路"，而且"只为自己在寻找"，也许你可以想象牵住某位先哲的手，在心中摹想他以震人心魄的伟业所引领的方向，然而，恕我直言，在这一个时刻，一切都"不过是连绵不断，变幻不定的表象"，只有我们自己走下去谁也不知道结局的道路才真正属于我们自己，也许前一刻我们的生命轻如羽毛，而后一刻却沉重得无法承受。

说什么好呢？我要笨嘴笨舌地告诉自己，如果你在意所有的选择，为肉体每一次的起伏跌宕犯愁，其实你已经陷于长久的不可自我摆脱的威胁之中：哀叹和抗争对于终局而言并无分别，越是激奋的生命越易于毁灭，这是勇气和富有诗意的果实。也许，我要说的这些感受正是由肉体的知性和智性的洞察混合而成，我力图抵达的道路不过是永逝之路，现在我可以对一切都感到新奇，就像生活在远古时代的智者一般。就让我做这样不切实际的比拟吧。

其实我想说的肯定是"道路上的鬼魂"，正如鲁迅要说"死在路上"一

---

① 本文曾收入《教育的十字路口》，原标题为《声音模仿者（三）》。

样。"道路"一词无论何时都具有奇怪的吸引力，它便是一种宿命，它便是非人力所能控制的展开，现在面对着易于腐朽的肉身以及死亡所具有的消解力量，我需要更多的时间让生命停顿，我想这时还需要有另一个合适的人物出场，透过他的双眼，我不知道看到的将是怎样"巨大的空场"。

1

真正的道路在一根绳索上，它不是绷紧在高处，而是贴近地面的。它与其说是供人们走毋宁说是用来绊人的。

这令人疑惑的文字是卡夫卡在 1917 年秋至 1918 年初在"八开笔记本"上写下的，后来卡夫卡又亲自编定以打算发表。他遗嘱执行人马克斯·布洛德为这份笔记拟定的标题是《对罪愆、苦难、希望和真正的道路的观察》，刘小枫曾把这份笔记作为伦理问题进行解读，以便"触摸到卡夫卡这个'孤独的死人'枯叶般的身体上湿润的生命经脉"，然而从中我们获悉的仅仅是卡夫卡如何摆脱因订婚又解除婚约而生的不安和负罪感吗？我宁愿不知道这份笔记的写作时间确实正值卡夫卡第二次解除与菲莉斯的婚约（1917 年 12 月），尽管这是值得注意的写作背景之一，我现在所面对的，亦如同安德烈·纪德已经提前为我们预设的困境——寻找自己的道路，而且只为自己寻找。

"真正的道路在一根绳索上"，与其相信有一条"真正的道路"，不如相信"希望正与绝望相同"；越是希冀"真正的道路"，希冀本身越是有力地控制了我们，希冀就是一根绳索，它不是显明、敞亮的，而是以巨大的貌似真实的诱惑，使我们失去力量感。"真正的道路"往往便是这样使人寸步难行，反之，"邪道"也许却是通畅的，可以"实现的"。一个对"真正的道路"忧思者，必然畏惧自己所作的任何的选择，犹豫不决、反复无常、精神恍惚就是他的常态。

2

所有人类的错误无非是无耐心，是过于匆忙地将按部就班的程序打乱，是用似是而非的柱子把似是而非的事物圈起来。

人类有两大主罪，所有其他罪恶均从其中引出，那就是：缺乏耐心和漫不经心。由于缺乏耐心，他们被驱逐出天堂；由于漫不经心，他们无法回去。也许只有一个主罪：缺乏耐心。由于缺乏耐心他们被驱逐，由于缺乏耐心他们回不去。

谁曾经告诉过我们，"缺乏耐心"有如此深重的罪孽，由于缺乏耐心（缺乏对天堂、对上帝的耐心），人就易于受各种诱惑，也许诱惑也总是只有一个：邪恶而又甜美。人要避免走上"邪道"，也许办法也只有一个：闭目塞听，无知无识。也许所谓的耐心，就是执着，也可能就是"偏执"，就是"迷信"，就是放弃所有的疑惑与自问。然而这样一路地追问，却正是缺乏信任与耐心的表征，我们要做的只能是在"信仰面前止步"？

其实，既然诱惑总是"邪恶而又甜美"，人类对自己的"失乐园"，并不会太在意，"天堂"仅供人类缅怀之需，反正肯定回不去了，没有耐心也许也算不上什么罪。尽管我们确实可以把它理解为一种"主罪"，对所信失去耐心，诱惑与各种罪孽便随之而至。

3

许多亡者的影子成天舔着冥河的浪潮，因为它是从我们这儿流去的，仍然含有我们的海洋的咸味。这条河流对此恶心不堪，于是翻腾倒流，把死者们冲回到生命中去。但他们却欣喜万分，唱起感恩歌，抚摸着这愤怒的河。

卡夫卡刚刚谈论完"已经失去的天堂"，马上把视线转向了冥府。"天堂"可以是虚无的，但地狱却一定要常备不懈，因为它总是人满为患。我们当然很不愿意看到冥河竟对人类的咸腥气息恶心不堪，实际上也只有人类知道自己的罪孽有多么深重，只是人类实在无心洗刷这一切，所以只要能回到生命中，我们马上"欣喜万分，唱起感恩歌"。对生命的无限迷恋是最大的贪欲。时间紧迫，做什么事我们都不能误过时辰。

4

从某一点开始便不复存在退路。这一点是能够达到的。

"某一点"指的是"哪一点"，颇费人猜测。最便当的猜想是这"某一点"指的正是生命中任何的履历：出生、成长、婚姻、生养下一代……最后，这某一点肯定是指"死亡"，这一点一旦到达，一旦已经发生，便是事实，便没有退路，它把一切的退路和进路都带去了。"这一点"是任何生命都能达到，都要达到的，却也是无法想象的，它仍必须"亲历"。

5

人类发展的关键性瞬间是持续不断的。所以那些把以往的一切视为乌有的革命的精神运动是合情合理的，因为什么都还没有发生过。

正因为"人类发展的关键性瞬间是持续不断的"，那么所谓的"关键性瞬间"便不为人们所察觉，它是一直存在的，就如从不存在一样，在这个意义上，把"以往的一切视为乌有的革命的精神运动"便是"合情合理的"，它看不到，也无法判断，"以往的一切"自然可以被"视为乌有"，"一张白纸，好画最新最美的图画"，然而一旦割断了人类的精神联系，丧失了对正在持续不断发生的"关键性瞬间"的警觉，人类也便失去了发展的可能性，或者也可以说人类便"合情合理"地走到了发展的反面。

6

"恶"的最有效的诱惑手段之一是挑战。

它犹如与女人们进行的，在床上结束的斗争。

卡夫卡曾经在日记中写道：

> 同女人在一起生活是很难的。人们这么做，那是陌生感、同情心、肉欲、胆怯、虚荣逼出来的。只有深处才有一股溪流，它才称得上爱情，这爱情是找不到的，它转眼即逝。

只有怯懦如卡夫卡才会如此敏感于生活之"恶"，而"恶"正是发生在男女之间的各种"诱惑"，对任何一个成年的男女而言，这种"诱惑"无时不在，又无时不让人情不自禁。只是在卡夫卡这里婚姻却可能要"中断重返天堂的归宿，那婚床就是一个陷阱，让人迷恋现有此刻的欢愉"（刘小枫语），卡夫卡是如此害怕，如此地对婚姻不信任，他又确切地知道自己实在无法挣脱这男女之间的"诱惑"，这便是"恶"。据说卡夫卡有过三次与"妖媚的女孩子"的爱遇，还曾与自己的未婚妻菲莉斯的女友有过一个私生子，这真是令人惊异又完全可能的"事件"，卡夫卡的一生时时要咀嚼自己的"恶"，他对自己的"虚弱、缺乏自信心、负罪感"实在再清楚不过了。这何止是卡夫卡个人的命运？

与其说是在与女人进行斗争，不如说是每个人的"自博"。在床上进行的斗争，其实是难以在床上结束的。它只是一个间歇，或者是新的开始。往往我们深感恐惧的，恰需要反复进行才好，这便像是毒瘾附身一般。

我实在也不明白，卡夫卡为什么就无法享受到男女之间极原始的快乐，他怎么就认定自己回不去那个"天堂"了呢？体验真是个人的事。细腻、柔软，充满温情，然而战栗不已，卡夫卡带来了他在尘世的宿命。

7

A是目空一切的，他以为他在"善"方面远远超出了他人，因为他作为一个始终有诱惑力的物体，感到自己面临日益增多的、来自至今不明的各种方向的诱惑。

正确的解释却是，一个大魔鬼附上了他的身，无数小魔鬼就纷纷涌来为大魔鬼效劳。

卡夫卡一生都在以种种方式审视他人，审视自己，这不无恶意的审视使人痛苦，因为他不得不与各种各样的魔鬼照面，他必须时刻体验其中荒谬的撕裂感。卡夫卡笔下这个"A"是谁，其实不重要，他可能是任何一个，因为卡夫卡虽然有自己的"现实的视点"，但经过最后的"提炼"它又是极为普适的，这就是卡夫卡的逻辑。现在我们来看一下A这个人物，他在"善"方面是超人的，竟然是因为他受到的诱惑是最多的，诱惑"成就"了"善"，这是一种解释。另一种卡夫卡最后要点破的解释却是，因为"大恶"已经附身，对A而言自然更少不了小的诱惑。当我们看到"大善"时，翻开内里，也许正是"大恶"。这是卡夫卡的逻辑，也是"现世"的逻辑。

　　就我们的感受而言，我们只能容忍大恶魔，因为我们对之实在无能为力，而"小恶"，倒是经常使我们不平静、痛心，这就是生活中平凡的丑。而最终，我们仍然能够维护相安无事的局面，这是生活下去所必需的。卡夫卡的审视实际上是一种致命的自虐。

8

　　认识开始产生的第一个标志是死亡的愿望。这种生活看来是不可忍受的，而另一种又不可企及。人们不再为想死而羞愧，人们憎恨旧的牢房，请求转入一个新的牢房，在那里人们将开始学会憎恨这新的牢房。

　　向死而生，然而再也无法活得温润、甜美，死亡之眼目睹了生命的忙碌和毫无意味，死亡之眼剥夺了生活的虚幻而准备承受不能承受的后果，被目光击打的距离通向了一种无限的所在，精神的深度正与对处处充满平凡的丑的生活忍受程度成反比，另一种生活何在，它不可能是重返天堂与救赎之路，卡夫卡令人沮丧又令人惊悚地道出他的感受：人们憎恨旧的牢房，请求转入一个新的牢房，在那里人们将开始学会憎恨这新的牢房。

　　只有牢狱，没有新旧生活之别，不是由我们自身力量的自我引领，只有在不能忍受之中顺从惰性、遗忘和自我抚慰，而日益学会忍受。然而，"爱再也无法学成"，再也没有任何尘世的甜美，精神的冲动遵从的是憎恨。由此，我们的身体变成了一座自囚的牢房，并最终在黑夜中沉没。

"人们不再为想死而羞愧"，当生成为羞耻之时，我们知道真正的危险在哪里，知道如何避开它以便最后跌落。

9

像一条秋天的道路：还未来得及扫干净，它又为干枯的树叶所覆盖。

什么像一条秋天的道路？"秋天的道路"就如生命的历程，当你想延迟生命时，生命又向前跃进了。而到了衰败时节，树木上积满了随时都会陨落的枯叶，一个人如何能够把自己的道路打扫干净？因为道路就是承载者，道路就是因为不断为枯叶所覆盖而显示了双重的逝者形象。卡夫卡以阴郁的眼神看到了这一生命的关键瞬间，它是动态的，而又虚空含混。衰败揭示了人力所不能改变的真相。

10

如果当时有这种可能性：建造巴比伦之塔，但不爬上去，那么也许会得到允许的。

"建造巴比伦之塔，但不爬上去"，这就是一种悬空状态，真实的意义被抽离了，因而获得了存在的可能性。但这种存在却以一种虚无荒谬、反意义施压于我们更难以忍受的压力，也正是对这种压力缺乏耐心，为任何目的所建造的巴比伦之塔最终无法建成。

11

理解这种幸福：你所站立的地面之大小不超出你双足的覆盖面。

如何理解并进入尘世的"幸福"：我们所期许的越为稀少，我们越易感到自足，这就是我们所应持有的"幸福的尺寸"，一个人理解了这一点，无异于获得了把生命抛置在巨大的空虚之上后可能拥有的理智，于是无论是新牢房，还是旧牢房，都不再难以忍受，有限的空间承纳了伴随着生命历程而日渐深重的晦暗与绝望，可这又何尝不是一件好事呢？一个人所能容忍的比他所不能容忍的，要远为丰富。这就是卡夫卡反复通过地窖、老鼠洞、牢房这些隐晦的场所刻意宣讲的"个人的真理"，进入了卡夫卡的世界，我们就有了无尽的"颤抖和心跳"，同时也就拥有由有限的认知所充盈，属于个人的幸福或者死亡的意识。

12

善在某种意义上是绝望的表现。

在什么意义之上？也许只有对"善"绝望了，"善"才成为绝望的表现。卡夫卡对自己承受诱惑的能力实在清楚不过，一种生活看来是不能忍受的，而另一种不可企及，他时时渴望的就是"他处"的生活，是对所有责任与义务的恐惧，是对无法自控的欲求的恐惧，是不断进入又迅速逃脱的企求，而最后，随着生活令人沮丧的进程，终于对一切都绝望了，生命的旨归不过是：理解这种幸福——你所站立的地面之大小不超出你双足的覆盖面。这时，"善"成为"欲"的终结，并为自身的无力感所充溢。

13

没有拥有，只有存在，只有一种追求最后的呼吸、追求窒息的存在。

肯定有一种恶魔般的力量，把自己逼到最后，以便发出一声旷远的呼告：没有现世，没有履历，没有可以忍受的精神的鲜活证明，没有期待，没有天堂，没有返回之路，存在就是自我漂流，是欲求与死亡之间的一次滑动：只有最后的呼吸为存在作了一次确证。

自我审讯仍在继续 [1]

有时候，我想我为什么要躲避呢？实际上每次的进入都让我愁肠万断，写作被我视为畏途：当我一个人，面对一片空白，书写的意义在于"是来自内部的暴力，保护我们抗拒外部的暴力"，华莱士·史蒂文斯肯定的是想象力击败现实压力的力量。但这种力量显然是精神性的，卡夫卡也曾经写道："害怕结合，害怕融合。那样我就再也不能独自一人了。"在这里精神的卓尔不群、虚构、幻觉，甚至不近"情理"的孤独，都实现了自己的价值：唯有借助这些"支撑物"，我们才得以担当职责，进入自己的世界，并能够拒绝当下令人炫目的强制。

守住心灵的宁静与拙真，绝非逃避。正如艾德温·穆尔在诗中所写的：

> 我们正处于边缘，
>
> 几乎快忍受不住了，
>
> 而审讯仍在继续。

写作成为对"边缘"的进一步确认，成为在我们内心的不断"一闪而逝的替代物"，是生命的音响和寂静。正是因为处于边缘，我们注定为了辨别无可名状、飘浮不定的旋律，才有格外锐利的听力，才有波兰著名导演基斯洛夫斯基所坚称的"专业的悲观主义者"激情、幻觉和反专制的内心之眼，因为在鱼龙混杂的时代，带着微薄、秘密使命的写作者，所可能实现的正是以"另一种声音"，使自己成为"用途极小而又价值卑微"的见证人：边缘，意味着危险与绝望，意味着更为谨慎的对生命的把握，意味着在内心通过超验的力量重新获得的价值的平衡。同时，在我看来，强力与

---

[1] 本文曾收入《教育的十字路口》，原标题为《声音模仿者（四）》。

现实的"审讯"一直是继续着的，无数次"几乎快忍受不住了"，历练的意义就在于正是因为重力和打击，精神的力量得以增强并进一步纯化了，在我们身体中有一种坚忍的反作用力。

　　基斯洛夫斯基把自己生活的时代定位为"艰难的时代"，他说："在波兰任何事都是一片混乱，没有人确切地知道什么是对，什么是错，甚至没人知道我们为什么要活下去，或许我们应该回头去探求那些教导人们如何生活，最简单、最基本、最原始的生存原则。"基斯洛夫斯基所概括的其实正是一种"后集权时代"带有普通意义的特征。一方面，"屈从重力，是最大的罪恶"（西蒙娜·薇依语），但几乎人人屈从于重力，人人都乐于享受带着罪恶与血腥气息的贪欲，"重力"与"贪欲"的合谋，共同造成"任何事都是一片混乱，没有人确切地知道什么是对，什么是错"这么一种局面，只要稍加体察，就不难发现这正是一种共同的存在背景。西蒙娜·薇依斩钉截铁的、同样是来自边缘的"另一种声音"，它启示着另一种抗衡力量的存在，这是极其珍贵的勇气和敏感，然而我们又能从何处去探求"最简单、最基本、最原始"可能也是最有道德感的"生存原则"呢？在人们普遍认同"恶"的推动力量的时代，哪里才有"伟大的、柔软的、温暖的"甚至是"一无所用的"乌托邦呢？当我们遵从自己的逻辑，维护着语言的优雅、恰切与纯洁，以生命剧烈燃烧的灰烬而重获精神世界自在感的同时，我们是不是同样能够说"这一切是有益的，具有警戒作用的：如果一个诗人必须把忍耐变成进攻，他得去追寻一次毁灭，并在他的生命和作品中准备承受后果"（西默斯·希尼语）？

　　正是因为我们活在危急的时代，诚如一位美国学者所说，我们不能亲临历史的终点，而是亲临一种新的开始（转引自帕斯的《批评的激情》）。也许需要更多的无奈、混乱、愤怒、激情，而最终则必须找到自己的音调、措词、韵脚，以至只属于自己的"另一种声音"，即使卑微的个体在巨大的寒意中无法找到任何庇护，精神仍然具有可以信赖的光芒，高贵的力量所引领的不断向原始意义的回归，开启着无限生成的可能。哈维尔谈及希望的文字在这里就变得特别值得一读：

它是一种精神状态，而非一种世界状态。我们心中要么有希望，要么没有希望。它是一种灵魂的维度，而且它根本不依赖于对这世界的某种特别的观察或对这种形势的估价……它是一种精神定位，一种内心指向；它超越直接体验到的世界，并越过其地平线，停泊于某处。我认为你不能将它解释为世界上的某处、某种运动或某种有利证据的一种纯粹的派生物。我觉得它最深的根基在于这种超越性，恰如人类责任心的根基所在……它不是认为事物会变好的那种信念，而是确信不管结果如何，事情总是有意义。

我要袒露的是我的小小秘密 [1]

　　罗马尼亚作家埃米尔·米歇尔·齐奥朗曾说自己"毫无哲学天分：我仅仅对姿态、对思想的感人性发生兴趣"。我不想以略有点谦卑的方式紧接着说，其实我同样非常清楚自己在思辨和逻辑领域缺乏最基本的素养，我甚至无法熟记也无意熟记一些最关键的术语，如果不能还原为某种"姿态"和"感人性"，那么整个世界对我而言，是完全关闭着的。哲学家黄克剑先生对我有过意味深长的提醒：文质对理论同心灵的可能疏离有着神经质般的警惕，他更看重心灵间的默然相契，也更情愿让陌生的直觉在相遇中相盘相诘。黄先生话语背后，实际上含蓄地道出了一个人天分与趣味中隐秘的局限，一个写作者为自己的天赋所推动，"天赋"成为"自我怜悯佩戴的面具"。

　　有些作家把写作看成是一种职业，而非习惯，鲁迅也曾有"硬写"之说。看来写作的态度比习惯、趣味、风格甚至倾诉的对象都更为重要，写作是整个生命存在的某种恰当的确证。然而，20世纪葡萄牙诗人、散文作家费尔南多·佩索阿却相当固执地认为：写作就是忘却。忘却什么？忘却在时间中旅行的身体的疼痛，忘却心灵是生活之累，忘却自己是一个"无"。因此写作也许只是在自己喜爱的纸片上留下一些痕迹，在放逐臆想的同时，把生活中毫不相干的家当收拢在一起，用似是而非的方式——贴上似是而非的名称。佩索阿写道："写作是失去我自己，但是所有的人都会失落，因为生活中所有的事物都在失落。不过，不像河流进入河口是为了未知的诞生，我在失落自己的过程中没有感到喜悦，只是感到自己像被高高的海浪抛到了沙滩上的浅池，浅池里的水被沙子吸干，再也不会回到大海。"不过，佩索阿在宣扬自己令人感到绝望的"忘却"理论时，又特别沉重地补了这样的一句话："写

---

[1] 本文曾收入《教育的十字路口》，原标题为《声音模仿者（五）》。

作像一种我憎恶然而一直戒不掉的吸毒，一种我看不起然而一直赖以为生的恶习。"这才是真正的秘密所在。当一种行为，成为人的本质，而不是某种随时可以改变的生活方式，无论你怎么贬低都无济于事，真正的写作确实是一种"职业"，一本每日的签到簿，是写作者凭着血性、责任与偏执日复一日进行着的"墓志铭"的自我撰写。因为"真正的书没有第一页"，也不知道何处是最后一页，"这就像一片树林的沙沙声，上帝知道它起自何处，它越来越响，起伏蔓延，侵临密林深处，直到最黑暗、最惊恐、最目瞪口呆的一刹那，它倏地停止了蔓延，开始与所有的树冠说话"（鲍·帕斯捷尔纳克语）。多么叫人惊恐的神秘与不由自主啊，没有任何外在的力量能实现这一切。伟大与渺小常常并置一处，没有人能够预先确知，也没有人能不为自己生命的存在而动容。

现在我要袒露的是我的小小秘密，上文提到的齐奥朗、佩索阿、帕斯捷尔纳克都是我喜爱的写作者。这里，我不称他们为作家，而称为"写作者"，无非是为了表明他们为自己所确定的职业：这是自我赋予的。不过就我现在的感觉而言，也许在 2001 年的夏天，我更喜欢佩索阿一些，为了他身上更卑贱更孤苦平凡的气息。中文译者韩少功介绍说，身为公司小职员的佩索阿，就人生经历而言乏善可陈，用他自己的话来说，他不过是一个"不动的旅行者"，除了深夜的独自幻想之外连居住地里斯本以外的地方都很少去过。因此佩索阿能够写下的，常常就是《头脑里的旅行》这样的文字："黄昏降临的融融暮色里，我立于四楼的窗前，眺望无限远方，等待星星的绽放。我的梦境里便渐渐升起长旅的韵律，这种长旅指向我还不知道的国家，或者指向纯属虚构和不可能存在的国家。"在另一篇文章里，佩索阿又忧伤地写道："今天，在那些白日梦的某一片断里，在那些既无目的亦不体面，却一直构成我生命中精神本质重要部分的白日梦里，我想象我永远自由了，是摆脱道拉多雷斯大街的自由，是摆脱 V 老板的自由，是摆脱 M 会计及所有雇员的自由，是摆脱小差役的自由，是摆脱邮递员的自由，甚至是摆脱猫的自由。在梦里，自由给我的感觉，就像一些从未发现过的神奇岛屿，作为南部海洋的赠礼豁然展现。自由意味着休息、艺术成果，还有我生命中智慧的施展。"我的同样卑微的自由的梦想只有在佩索阿这里找到了亲切的对应和温润的慰藉，在我们孤高的旗帜之下，正在行进的是缺乏自信、微小的旅程。我们同样天真而又迟疑，同样热衷于对细节的专注，又保持着面对世界的习惯性的谨慎，我们凭借的不是力量，而是日渐自然的顺从，是每天的活着，以迎向不断受到贬低的梦想。佩索阿说："你想要旅行么？要旅行的话，你只需要存在就行。在我身体的列车里，在我们命运旅行途中如同一站接一站的一日复一日里，我探出头去看见了街道和广场，看见了姿势和面容，它们总是相同，一如它们总是相异。说到底，命运是越穿所有景观的通道。"佩索阿告诉我们的正是我们体验越来越深刻的命运感：命运就在每日的存在之中，只要活着就实现了身体的旅行，景观是相同的，一如它们的相异，日复一日没有任何的新奇感，这一切本身又是令人感到新奇的，因为"旅行者本身就是旅行"。我们所经历的就是我们自己，也只能是我们自己。我们不断跨入，以保持我们的亲在，生命虽无任何奇迹可言，却确实是一声素朴、真挚的颂扬。我嗅到了平淡无奇的生活中，灵魂所透出的一缕甘甜的气息。泪水就在我的眼眶之中打转。

　　1992 年，我前面提到的我所敬重的哲学家，在他的一本书的后记中以他惯有的简明和决绝写过这样一段话：治学的底蕴原在于境界。有的人凭借聪明，有的人诉诸智慧，我相信，我投立于文字的是生命。在这里我暂且不探究生命对一个哲人意味着什么，我更感兴趣的是佩索斯以下这段隐晦的文字可能把我们带入的更为幽远的理解："我的内心是一支隐形的交响乐队。我不知道它由哪些乐器组成，不知道我内心中喧响和撞击的是何种提琴和何种竖琴，是何种木鼓和何种铜鼓。我听到的是一片声音的交响。"也许正是天分与趣味使然，我总免不了要使自己的身体浸入事物深处最为亲密的鲜活性中，只有这样我才能更为自在一些。

恍恍惚惚 ①

我曾经写道：午后两点钟，对我而言，所有的声音、感觉、思考以及其他的事情，都像被抽取了魂魄一样，变得恍恍惚惚。这是一天中最艰难的时刻。

佩索阿有过奇怪的体验，在我看来肯定和一天中属于他自己的特别艰难的时刻有关："以一种巨大的努力，我从座椅里站起来，居然发现这张椅子似乎还沉沉地挂在我的腰上。也只有在这个时候，它更重了一些，因为它成为了我主观感觉的座椅。"道理很简单，只有最艰难的时刻座椅才能给予我们最可靠的援助。其实一张忠实的合身的座椅就像我们身体特殊的器官一样。一位童话作家因此甚至有"我愿意带上软皮沙发一起旅行"这样的句子。这里，我想模仿史蒂文斯的诗句，作一个也许比较恰当的延伸：我和一张座椅是一个整体。我一天的工作常常就是从对座椅的眷恋开始的。恍恍惚惚，艰难地向前移动。

不过，每次写字之前，我总会想到首先必须净手，仅仅为了卷面整洁？就像被引申的意义总是在目的之外——一张白纸更能诱引出书写的冲动，书写就是触摸，同时是一种感官的填注。这又是谁的教诲呢？"敬惜字纸"，是意味着对身体行为、思想痕迹的谨慎畏惧，还是意味着向前滑行时对复杂的欲念适度的提纯与克制？当我们展开洁白的纸面，就永远不能期待结果，也几乎不会有任何的呼应，那里是忘却与沉睡，那里由"经验、闪光、色彩的积累"编织而成，并艰难地探向我们力所不能及的无限边缘。我们似乎已经以某种伴随心智的成熟而拥有的执着，敏感到了生命的责任与方向所在。

———————————

① 本文曾收入《教育的十字路口》，原标题为《声音模仿者（六）》。

法国当代女作家卡米拉·劳伦斯在一篇文章中先引用贝克特作品中的一个句子，强调"词语曾是我惟一的爱，某些词语"，然后她又特别提醒是"书面语言帮助我活了下来"，我们的情况是不是与卡米拉·劳伦斯相类似呢？书写、阅读、思考、想象、推理……以无限密度、无限缠绵的方式包裹我、胁迫我、引诱我的正是同时使我得到无限安慰、满足、自由那种感觉的语言吗？劳伦斯口吐真经：对词语的需要几乎和对肉体的需要完全一样。我感到神情仍有点恍恍惚惚，幸好我坐在自己选定的座椅中，可以继续漫不经心地咀嚼、辨认，漫无边际地进入"词语，我们时代的身体"之中。

　　我曾经把几位朋友的进食方式归成几类：单调而短暂；单调而冗长；强烈而短暂；强烈而持久。当然还可以归类得更为周全些，不过我无意于使之"学科化"，我感兴趣的是，我非常清楚"进食方式"也与其他很多行为方式相类似，一个趣味盎然的人，他可能获得的体验常常是隐秘而多样的。其实是他自己在分泌一种自我享有的蜜。

必须警觉如最勤勉的看家狗 [①]

这个城市，你几乎看不到冲动、焦躁、狂放，看不到悠闲、宁静、从容，也没有优雅、自足、傲慢，如果你居住下来，你就消失在无法辨明的某种莫名其妙的含混状态。这个城市更没有里尔克所描绘的"自觉的女性"，"那么自然地，如植物般安定"，任何男人一靠近，立刻可以获得一种定居般的感觉。没有。这里仿佛是所有城市的集合，又总在任何城市之外。我们能够忍受极为平淡的日常化的恐怖（这就是生活本身），因为在这里我所爱的"并不是一个生命"，而是"未来的生命"，无法想象的"无数的沸腾"，无法期待的意外的惊喜。我不会迷失自我，我沉浸在思想的疲劳中，我的主题是由我在这样的居住地以及所选择的生活方式中注定产生的：虚伪与孤独，我学习着这件事，我承受着自己的工作义务，并逐渐把痛苦转化为微薄的享受。

温斯顿·丘吉尔说得不错：别管能让你选择的东西是好是坏，必须有许许多多各种各样的选择而不是一片悲惨的灰暗。但是有时候正是这一类思想使我变得絮絮叨叨，我就好像专门等待着为某种力量所饲养一般，我写不出自己的句子，我和一切居家者一样认定那些句子甚至比行动更为重要，它曾经在不同的心灵回响，并使我们学会真正的更为虚幻的爱。我们更为信赖的精神的火焰也只可能深藏在记忆的底片之中。（多么恰如其分！）忍耐一切，意味着在寻找中努力专注于自己的工作。

必须警觉如最勤勉的看家狗。如一只狗一样地工作，在重复与厌倦中找到只属于你一个人的幸福。

也许我正在尝试着使用一种人们最习以为常的自助方式，有时是漫不

---

① 本文曾收入《教育的十字路口》，原标题为《片面之辞（三）》。

经心地走入一个合身的洞穴，我在帮自己的忙，我的工作"把我引诱到外表像救助的陷阱里"，我绣着一种奇怪的花边，每天都能够向边缘移动一小寸。

画家老塞尚走在大街上，听着世间的谈话声，会突然大声喊叫："世界真恐怖……"我不会这样，那些细碎的，时有时无的话语，就像在我眼前冒出的金鱼的气泡。合身的透明的水箱，游动的鱼，断断续续的气泡，我知道这也是我的状态，我努力发现生活最纯粹的意味。有时又把这一切都看成了一种空无。

时常我的工作就如空中抓药一般，一张白纸上现出令我沮丧的文字。不断地承受着打击，在渺小而无限的经验中，摸索着下一个洞穴的门栓。啊哈，当我这样絮絮叨叨时，我很清楚这是一种可耻的态度。我却无力克服。我暗中捉摸生命微不足道的理由。

我是叹息，作为人费尽心机寻找着单调的苦刑，新的生命复活了，新的精神空间诞生了。我喜爱这些呓语和谎言，只有在失重状态下，我才能感觉到血肉的十字路口。我乐于踏上鲜血引领的自我道路。

所有的洞见都紧张而又危险 [①]

必须有一些阴谋，必须有无数的意外，必须有令人绝望的不可能。

"必须"即意味着当我们坐到书桌前时，是多么的茫然无助！

需要我们送上殷殷亲吻的人每天都向我们靠近了一步。于是不得不四处打量，那些因为深情的注视而变得缩手缩脚的人。我等待着他们有所回应，松弛、迷惑、白眼以及强烈而持久的痛风症。道路对我而言，就像一个如水波一样荡漾的词。变动，带来机遇，带来行走时一个漂亮姿势。我选择了自觉的偏离，进而是对不断发问的迷恋，我在自己都快要听不见的声音中根植仍然能够活动的舌头。

千万不要和我交头接耳。千万不要拖我下水。

我经常给自己预备一个饶舌者，以便对另外一个饶舌者的抵制。我不伪装自己，我回避需要智慧的场合，也许我根本就不缺少这样的智慧。

有时，我长时间地不上班，我不打开电视，不接待客人，我沿着足球场绕来绕去，我几乎忘记了城里的统治者，我的计划几乎得逞了。

我驱使自己，用不着脸红。那是美妙的时刻，本来应该妥协，却变得气宇轩昂，充盈着气球一样越来越受人注目的自我升腾的力量。我试图想象正在逃亡，舔干净所有身体的痕迹，身体便在空气中消失了。

我能够说服自己，一切都是可能的。

也许需要避免的是两个人之间的竞争，如果是三个人，则变得更容易，更自然。

当我不说话时，就显得愁肠万断，沮丧，心事重重，大家都看到了这种景象，我则努力适应这样的评价。真的，挺好，我感觉不到不自由，我

---

① 本文曾收入《教育的十字路口》，原标题为《片面之辞（四）》。

很喜欢得到恰当的承认。我很多的情绪都朝着这个方向。

说实在的，评价一本书好坏，对我而言，最后总是看我是否希望它是我写的。仅此而已。有时我抄录一些句子，我满足自己的需要，这一次是某位哲学家形容苏联的政治官僚：既和蔼又残忍，既有阶级自觉又贪污腐败，既快活得可怕又充满了强烈的伤感和怀旧情绪。

所有的洞见都是紧张而极具危险的。

所有的洞见都源于我们挣脱恐怖生活的需要。

其实我的写作主要也是为了反对自己。反对自己的真实，不可改变，越来越深重的尘土气息。

我常常为自己从最细微不过的细节中自我确认为独裁者而暗暗吃惊，仿佛我要拒绝这样的事实，但往往话一说出口却变为一种自鸣得意，我不知道谁能够避免这样。

一个人在车辆拐弯之前，身体已提前拐了好几次。

我的工作是乘车在公路上转来转去，我和很多人混在一起看警匪片，喝不干净的水，上车载厕所时，手哪里都不敢碰，每一次都到达了目的地，因为每一个目的地都是能够到达的。我并不需要改变自己的行程。我只是常常言不由衷，我习惯这样的方式。很简单，因为只有这样的方式。渐渐地，这一切都变得很老套。

几乎所有的场合，我总是首先注视一只又一只的手。

有一个深夜，音乐学院院长走进了领袖办公室，他站在书桌前，他不知手要不要扶住书桌边缘，最后恰当地选择了将要扶住书桌的悬空状态，他知道领袖就坐在那里，就在灯光下，但他的目光只停留在领袖翻动文件的一只粗短多毛的手上，他开始汇报最近一次经典音乐会的筹备情况，他听到自己声音在空气中犹豫而怯懦地游动，并暗暗地有点自得。当汇报结束时，领袖突然迟缓而又坚定地抬起头，目光直射入音乐学院院长的脑海，开始时，音乐学院院长还想躲闪，可是已经来不及了。过了一会儿，他奇怪地发现自己的裤子被身体的暖流打湿了。

肖斯塔柯维奇说，后来音乐学院院长逢人便说领袖让他尿了裤子。

我就是忍不住，生活，我们处处向你表示赞美。

我们赞美生活，使用一些旧词，脑海里闪过熟悉的面影，暗暗为持久的记忆惊讶，每天总是有所收获，这样我们就免于受伤害，并能随意地四处停留，身边既无警卫，也不担心便衣，总之生活的幸福远不止于此，如果我们受到蔑视，那首先也是我们可能出了差错的感觉，真的，呆在我们身边的都是善良之辈，我就差没和他们喝一个杯子里的水，时常我们彼此注视，眼神平静，依赖于各自多少总是能让人激动的评价，我们都明白头颅该靠在哪个肩膀上，实际上你也可以试试，把头靠过来。

我说过，我就是忍不住，时常我的双膝弯曲下来使我看上去更矮，更为温顺。我简直要说，鲁迅的坚硬对我毫无意义，我喜欢的是弯曲、自嘲、自鸣得意，我可以躲过一切灾难。或者生活中本来就缺少灾难。如果有，我们也早就放弃了。

经常一个晚上，我就为一两个偶然闪过的词而絮絮叨叨。我都不知道自己是怎么入睡的。

以前我寄希望于生活太多，现在生活寄希望于我太多，我知道人死的时候，最像是一个动物。你每一次都可以感觉到什么是无助，但每一次你都转过身去。

这也是迫不得已。没有人愿意面对羞耻之谜。其实，我们的感觉大概不会出什么差错，每一次我们都信赖自己的感觉。我们基本上还是保持了自己的完好无损。

所有的计划都要付诸实施。所有的计划在制订时都是正确的。

每次我都恰如其分地栽入自己的怀抱。有时，我想起当我 20 多岁时，爱上的那位大叔，现在当我 50 岁时，我爱的却是一位 20 多岁的女子。像往常一样，我喜欢在黑暗中旅行，我相信我到达的就是我等待中的，我感激生活中的每一个隐喻，它使我们获得了庇护和慰藉。

我惯于自我暴露，自我享受，每一次到达一个小镇，我总能发现这是先前已经到达的，我有自己高超的本领。

我的每一个句子都从我开始，它一直保持着这种惯性。我不需要修改什么，我四处走动。

"是的"是一个性感的词 [①]

　　脖子上挂着悦耳的铃铛的山羊在村里更受欢迎了。他的服务对象仍跟从前一样，即按照狼下达的订单把羊群带到目的地。有时，他因为疲劳需要休息，或要出门访亲会友，但如果假期超出人们的心理承受限度，狼和羊们都会找上门来，毕竟脖子上挂着悦耳铃铛的山羊现在从事的是公益事业，工作的重要性对各方面来说都是不言而喻的。

　　我喜爱每一只脖子上挂着悦耳的铃铛的山羊。当我看到他们忙碌的身影，我就对繁荣的景象更有信心。

　　因为我们的事业需要中流砥柱，需要牺牲品，需要工蜂，也需要掮客。需要狮子、老虎、鳄鱼，也需要蚂蚁、燕子和逃家的狗。需要多样化，需要丰富性，需要有我们自己特色的劳动与娱乐方式。

　　因此我明白我也是被需要的。我满足于这样的状态。

　　我的朋友 S 博士曾反复对我强调：我需要的就是名气与影响力。他说他很坦诚，他从不隐瞒自己，他为自己不断获得满足而快乐。是的，你不要对我强烈而持久的欲望感到惊奇，是的，是的，就这么回事。

　　是的，我们总是夹在中间，当我们说自己很快乐时，也被夹在中间，只是有时候我们要对自己说：不，你不存在。

　　其实这就是我们快乐的状态。

　　谁都想说：本来我可以更快乐更从容。可是，更多时候，我又无法这样。

　　我总是当作不认识自己，看着自己走过，忙乱，为小事发愁，在交谈，在演说，浑身莫名其妙地颤动，为自己洋洋自得，然后，又因为想到什么，而对着另一个不存在的自己手足无措。每天都做一样的事，越来越惧怕疾

---

① 本文曾收入《教育的十字路口》，原标题为《片面之辞（五）》。

病，死亡，各种意外，越来越多地挂电话，诉说自己，越来越多地想到要是有另一种存在，另一种面貌，另一种观看自己的方式，然后是呓语、癫狂、自慰、凌乱、昏暗的梦乡。潮湿、阴冷的重新开始。是的，是这样的。

卡·劳伦斯女士说："是的"是一个性感的词，一个爱情的词汇，是"我爱你的同义词"，她还夸大其词地说道"善于说'是的'的人善于做爱"，乔伊斯小说《尤利西斯》中一个"欲火炎炎"的片断是她的依据之一：

"……于是我就问他目光也在问他是的于是他问我是否愿意的说是的我的山花我先用双臂抱住他是的再把他拉到我的身上让他闻我的芳香的乳房是的他的心就狂跳起来是的我说了是的我非常愿意说'是的'。"

卡·劳伦斯让我惊奇不已，我真忍不住现在就说"是的"。可是她强调里尔克另有说法，马上使我沉默下来，"真正爱说'是的'的是死亡"。

我无法对自己大喊大叫，很多时候就是这样的。尽管有人告诉我，其实大喊大叫是需要的，要是我不这样，谁能这样。我也不知道为什么这个角色恰好是我。

我爱每一个鼓励我的人。不管怎么说，我会严肃地对待每一次鼓励，就像是我对每一张漂亮面孔的注视。

是的，我就生活在临街的办公室里，我经常奇怪自己怎么就喜欢长时间地呆在这里，同时汽车持续的轰鸣竟然也给我带来了安全与快乐。

我真的离不开这里的一切了。每一天都是重复，都是快乐的增加，都是生活本身。

每天都是寻找一个妩媚的词，一个恰当之词。

教育家古德莱德说：只有健康的国家，才有健康的学校。我要继续引申：只有健康的国家，才有健康的街道，才有健康的办公室生活，才有健康的某一个词。

我知道健康具有一种个人性，以对应于宽泛的、整体的我们评价生活的方式。我信赖这个词，以及词背后的品质。我同时还想到这个词总显得有点冷漠、不可捉摸，如同妇科医生的白大褂。

在清晨想到妇科医生，并不是一件美好的事情。内心隐蔽的难以克制的甚至毫无来由的颤动，使我明白每一天总是从某一个词开始的。

这就是我每天总能在规定的时间苏醒过来的基本理由。有些词在路上，我看到自己身体微弱的亮光。

我不善于概括，我只善于沉溺其中。

有一天在一本不太为人所知的思想者（苏联的哲人？）的遗著中读到一段没头没脑的话：什么都可以开放，但媒体不能开放；什么都可以竞争，但政权不能竞争；什么都可以多元，但政党不能多元；什么都可以自由，但思想不能自由。我并不知道这些话语有什么更深的意味，它是泛泛之词，出现在昏昏欲睡、自我抛弃的午后。"我始终如一喜爱的只是一些词语"，是的，我信赖它，仅此而已。我承受着各种各样词语的威胁。

也许你不能因此就说这仅仅是一种生活方式。

2002 年 4 月 8 日我开始受到身体某些问题的困扰，我不得而知到底是什么问题。身体所有的问题都是具有讽刺性的，你必须耐心地等待着结果。

所有的检验报告都会很快出来，我们继续等待下一次。

下一次体验，"明日黄花"，我们朝向窗口的脸既看到过去，更看到未来：我们想要的一切。

每一次注视都是有意味的，因为你无法判断这是否就是最后一次。当然每一次注视的意味肯定比你所期待的更丰富。"注视"帮助我们活下来。

我们需要这个世界，我们也是被需要的，彼此呼应，彼此交织。

对世界而言，一只脖子上挂着悦耳铃铛的山羊，不是隐喻，不是可有可无的细节，它就是恰当的某一种生活本身。

因此，我们常常要用悦耳的自我激励的方式不断重复：成为你自己。我们知道什么比较重要。

从街上小便说开去 ①

　　有人告诉我，在伦敦允许两种人在街上小便，一种是警察，另一种人是出租车司机，但规定必须对着出租车的后轮。

　　后来，我把这则传闻告诉回国探亲的 S 时，已经是深夜 2 点多钟，我们仍然在小巷里散步，我急着找一处灯光昏暗的"恰当"的地点，S 非常开心，"不奇怪，我在巴黎经常看到漂亮小姐一撩裙子，就旁若无人地方便。真是太可爱了"。

　　S 是 1989 年以后随法国的妻子去巴黎的。我记得在他结婚的晚会上，我曾披露若干 S 在大学读书及任教时光荣的往事，比如上厕所喜欢拖个伴，比如他的某位女朋友曾当着我们面从他床铺底下扫出 20 多只单个的臭袜子，比如他可以分别答应三位朋友同时在不同的地点会面，而其时自己则在宿舍里和其他朋友高谈阔论。"既然你没有分身术，就索性哪里也不去。"他没有说明这类约会的下文，实际上也用不着说明，我们总是愿意尽最大可能地宽容诗人的各种癖好，仿佛只有在他们几近荒唐甚至病态的行为中，依稀保留了这个时代难得的天真与想象力，奇怪的地狱与天堂混合的气息。

　　S 后来虽然很寂寞，但还是加入了法国籍，我想他在最近那一次选举中一定会把自己的选票投给希拉克，而不是勒庞。说实在的，我并不知道后者到底怎么回事，但是我首先就特别不喜欢这个名，在汉语里，这两个字音形义都甚为不佳，尤其是其中的"勒"与大恶魔希特勒的"勒"字相同，更是不能原谅的。我望文生义了。因此，我也为英国足球巨星希勒难过，每次看到他，看到他的名字，听到他的名字，我都为他难过。也许你会说，"希拉克"不是也有一个"希"字吗？他"希"字实在不是大恶魔名

---

① 本文曾收入《教育的十字路口》，原标题为《片面之辞（六）》。

字的重点与寓意所在，我肯定只能这样想。

我为法国总统选举时那些自发上街支持民主与正义的男男女女由衷地感到喜悦。上街，以自己的方式，一边散步同时毫不犹豫表达一种政治立场，这让人羡慕。S不在队列之中，他正随在法国驻南美某足球大国使馆供职的妻子呆在高级住宅里，看书、写作、带孩子、烧菜，他现在一定能烧比较法国的菜肴，他现在也能说比较法国的法语，甚至他说汉语时也变得非常法国式的"窃窃私语"，我的耳朵有点不习惯，但是我尊重这种方式。S告诉我，他不再有朋友圈子，不再有与人说说汉语、回忆回忆故园旧梦的乐趣，加上S虽然置身足球强国，却从不看足球，我无法想象S的日常生活，但S知道我现在做的事，有一次他突发奇想问我：为什么不做些"诗教的工作"呢？

也许这真是件值得去做的事。梅特林克曾在他的《智慧和命运》中表达过类似的信念："在星期日不去酒店喝个醉，却安静地待在他的苹果树下读书的农民，厌弃跑马场的纷扰喧嚣却去看一场高尚的戏或者只度过一个宁静的午后的小市民，不去街上唱粗俗的歌或者哼些无聊的曲子，却走向田间或者到城墙上看日落的工人；他们全都把一块无名的，无意识的，可是决不是不重要的柴薪投进人类的大火之中。"

但是我从何处开始呢？希姆博尔斯卡说："一般在讲演时，第一句最难。不过，这句话我已经算是说过了……"我也能以这样的话语作为开场白吗？有时，坐在讲台上，面对着几百位的听众，我就变得谦逊，羞涩，略带结巴，眼神中却透出几分妩媚，我能感觉到这种神色，我无法抑制自己，我太可笑了。在我记忆中，一定也有一个广场，等待着狂欢的广场，我的眼前开始出现幻觉。

其实我心里想说：一次淋漓尽致的讲演相当于三次完美的……真的有点过分了，我的朋友K君最近老是觉得福州地面在摇，起先是海峡的各种震波，然后则是每一次失眠之后的清晨一定摇得更厉害了。我们的身体也许一直期待某种摇动，我们正越来越能理解这样的需要。

这一切与"诗教"又有什么关系呢？

有一次，我在某一个培训班上讲完课下来，一位女教师拦住了我：听你的讲座，又看你的书，我突然明白了你是一只特别会叫的狗，可惜听到的人太少了。那会儿，我真的一阵眩晕，这么多年了，终于获得如此恰如其分的评价，我还能要求什么呢？

里尔克也曾说，当画家老塞尚坐在工作室里时，就像一只狗。里尔克还说过凡·高的自画像，"看上去很贫苦而饱受折磨，几乎是绝望，可是倒不是悲惨结局的：像一只不幸的狗那样"。

我的另一个朋友 H 君则对我一直保持着一种异乎寻常的警觉，他对 K 君说：此人的文章我一定要一字不落地细细审查，有时我还需要把他的一些东西给熨熨平。就好像他相信我身上肯定有跳蚤然后还需要把杂乱的毛整理一番似的。

我对 H 君并无恶意，有时他要在电话里和我论辩什么，又碍于情面无法直说，他就会对着话筒扑哧扑哧地直喘气。H 君真的还是比较质朴的，可以忍受。

但是，我们彼此实在都难以改变什么了。

我只是一个追问者，我自身也是不断被追问的。但我已失去了应有的从容、耐心。因为"所有内心的反叛都具有传染性"，我一开始就失衡，后来一切便成了常态。没有决定性的崩溃，有的只是一个介词，被你想象的幽灵，结束或者初现。

他的气息、胡子、皱纹更像虚构的一般 [①]

　　我是鲁迅为数众多一直没有得到肯定的崇拜者中的一个。我读鲁迅是因为我再也无法想象他是怎样的一个人了，他的气息、胡子、皱纹实际上更像虚构的一般，但幸运的是它们还将继续被虚构，直到大家一致认为真的像那个鲁迅为止。从血缘关系而言，我与鲁迅没有任何的瓜葛，我引用他的一些含糊其辞的句子，也许我也能享受到鲁迅式的快乐。这个原先对写作并没什么信心的南方人，有一天突然发现自己已经成为名满天下的名人，虽然他仍谦逊地自称写作的诀窍仅仅在于"硬写"，但从此却可以在文字里相当自由地表露自己原先极为压抑的愤怒、仇恨、爱怜、幻梦、虚无、偏执、自嘲与冷漠，也从此再无一个人被命名为鲁迅，尽管他还不时变换着各种各样的笔名，他已经成为那一个唯一了。现在我自然无意也不可能捅破窗纸，暗中窥视他作为"鲁迅"的生活，我是个老实人，我把握自己的方寸。我对自己的每一天不断洗牌，我知道鲁迅并不能改变我什么。有时你怀着小丑一样的贪欲，当你实现一小寸欲念，你就得付出，你还会因为付出而上瘾，得到甚于失去，得到总是有害的，很多人并不理解这一点，因此他获得的信息恰恰是错误的。渺小的事物也常常被忽视，就如一滴精液所可能造成的危害，人们实在无法精确估量，人们过于贪恋这些奇怪的享受了。其实我每天都会吓得惊呆，无非因为我是自恋者，每走一步都要晃晃腰身的舞蹈症患者，给自己下结论又急于否定人生任何意义的多余人，最终我是一个自娱自乐的零。原先我认为不愿意去的世界，其实正是我的藏身之地，早春的一丛绿草让我体验到咀嚼带来的对大地在疯狂中死而复生的想象力，我的手一直对柔软的肌肤充满期待，我拒绝在贪婪的午餐之

[①] 本文曾收入《教育的十字路口》，原标题为《片面之辞（七）》。

后老去，我每时每刻都能听出令人惊骇的声音就在我的牙齿之间，我曾被谁驱逐过吗？我曾在一次次几乎无法忍受的耻辱中继续幻想床笫之欢吗？我能在一次对心灵的犯罪之后将自己告上法庭吗？因此我每天盯着自己看10分钟总是会长舒一口气，生活就是热恋状态不断的自我维持，对每一次微不足道的胜利夸张的评估，是阴影与绝望喜剧化的交织，是身体适时、迫不得已的颤抖。因此我要将所有的允诺推迟五个小时，现在我继续在一些可疑的文本中来回穿梭，我就是一个被弃用的标点符号，绝望之为虚妄，正与希望相同，同样是呻吟，是自我品尝，是值得深信的每个清晨醒过来后对死亡之前生活的回味，昨天到哪里去了并不重要，重要的是我们咬住自己的手指头时仍然会痛得仿佛是一个邱少云式的英雄，今天即是所有的每一天，我仍然是每一天中的某一个人。

用你的舌头也许就可以理解中国 [①]

  用你的大脑理解不了中国，用你的眼睛理解不了中国，用你的舌头也许就可以。生存使我茫然，我感知着身体边缘的事物，我等待着由感知而获得的生活的支点。总是会有某一个？

  我喜爱的就是那样一种状态，一个人坐在那里（明净、顾客稀少、音乐恰当的真锅咖啡馆），浮想联翩、愁肠万断？午后行人更少了，从凝视中涌现出场景、气味、面貌以及早已忘却的细节，总之现在可以享受自己的经验，自己喂养自己了——可是我明白，我曾经在这里坐过，或者别的什么地方，我也曾动过这样的念头，也曾在相似中找寻差异，或者迎面碰上自己是一个零。不写诗的诗人，胡思乱想的说教者，自恋而羞愧的身体的庭院，现在是散步时刻，从一个桌沿到另一个，从一种气味到更多的气味。每次有人进门，服务生总是齐声问候，声音甜美、松弛、训练有素，唯一例外的是，管理者进门时，他们就像没看见一样，那个理平头的管理者简直找不到自己的位子，也许根本就没有他的位子，每次总是在吧台、洗手间、报刊栏转一圈又消失在窗外的树荫下。我等待着他再次出现，我从舌间对矿泉水的品尝中也能体会到这个家伙的无聊。因为有幸福，然后就有不幸，因为你是在不幸之中，你就能明白无所事事、无动于衷、哀莫大于心死，午后你趴在餐桌上就像爱抚着刚刚死亡的大嫂，等等，诸多状态其实就是一种，回归生活的甜腻与欢欣感。我是一杯蓝山咖啡的崇拜者，要加足够的糖，再加两份的奶，有时还会加极少量的盐。我几乎不知道进入我口腔的到底是什么，生活自命不凡的滋味无论如何你都不能理解什么叫恰到好处，难道一杯气味古怪的咖啡就能使你返回正确之路？你从来就不

[①] 本文曾收入《教育的十字路口》，原标题为《片面之辞（八）》。

想改变自己，并为此得意洋洋，这就是我们日积月累所获得的使我们得以继续活下去的习惯、趣味，有时也可以称为信念的那一点点可怜的独特性。我一直等待着坐在咖啡馆里，在某一双身份暧昧的目光中变成一个小丑，就像有位捷克作家所说的那样：我就是个身体极棒的神经衰弱者，只在餐桌上睡得很香，只在毫无意义的呓语中把自己吓得灵魂出窍，只在一次次对自己灵魂的犯罪中感觉到作为一个人的辛酸。

不，这一切总在不断继续，如同四季连绵，我对自己的每一次行动都曾经发出不少信号，这是游戏规则的一部分，因为我知道一切仍将像它应有的那个样子，不必沮丧、忧郁和苦闷，也不必因为毫无沮丧、忧郁、苦闷而特别地懊恼万分，每一个人都是自己的经验总和，都是一口只为自己酿的蜜。谁都能一眼不眨地为刚刚过去的灾难写一首颂歌。所谓的颂歌就是夸大之词，你能明白每一首颂歌后面裸露的、不断溢出的、肉体直接的需要吗？我们的身体总是为自己的需要而笨拙地颤抖，其实强烈的情感肯定比较短暂，现在就看你需要的是什么，是疯狂的裸奔，还是细雨缠绵似的牙痛，任何用心的人都不难找到自己的表达方式，如果有机会，我要的还是一首颂歌，张开大嘴：操，一条宽广的道路，我是思维健全行动迟缓的步行者，我是给新时代写颂歌的中年狙击手，我是在绝望的游泳池练习死亡花样的救生员，我是思想崩溃、语言夸张、行为正确的小学校长，我在办公室的墙上贴满了宁静致远的格言，我在午后短暂的梦中不断温习着一首同时也献给自己的颂歌，因此，我是有智慧的小丑，液态物质的享用人，心怀坦荡的告密者，在我的舌尖有一个花枝招展、曲径通幽的神秘花园。

幻想之眼

像一页遗忘之书

像一页遗忘之书（1）

1

卡夫卡说：在阉人国，人们最喜爱的就是王子的歌声，他既煽情又能起到镇痛压惊的作用，同时人们通过他的歌声把自己变成了"非存在者"，变成了被饲养的动物，没有头脑，只有欲求，并习惯了在黑暗中生活，习惯了自己多出来的两只屈服者的腿。而王子的咏唱方式一直都是国家机密。

2

我只是有点不安地想到某个令我"惧怕"的声音已经消失了。瞒骗、恐吓、谎言有时是如此的坚硬有力（当然无论何时"它"的内心又是冰冷至极），有时则是让人头皮发麻，那个声音时常就意味着灾难。我从声音中看到一张更像它自己的脸，看到它的精神面相。

今天我则突然有了一种哀悼的心情，为这可怜的具有象征性的人物。

为了失去了的好的地狱。

3

我必须坦承一个普遍的事实，就是我们比自己所想象的更加的懦弱，懦弱，常常就是一种比较低级的罪，却可能比一般为人所共知的罪更令人厌烦，然而，有点难堪的则是，就是对懦弱的厌烦也是没有力量感的。

4

哈扎拉尔忍受住了寂寞，他说："即使你是和善良的甚至有个人吸引力的庸人相处，你的思想也已经受到腐蚀。"有一段时间，哈扎拉尔花了比较多的时间研究自己身上的"庸人气质"，他概括出来的特征有：和善、坚忍、随波逐流、屈服于利益，装扮无辜、喜欢抱怨、热衷于成为施舍者，最后他说，保持思想的锐利性是困难的，甚至是灾难性的。

5

倾向于退缩与妥协其实也是人性的常态，因为在你退缩和妥协之时，你总是以为会有某种"补偿"和终究可以恢复到原状的可能性在等着你，哈扎拉尔说，所有的灾难都是一张一张出牌的，魔鬼也不会一步到位地拖你下水。

6

今天我突然悟到，从上个世纪 40 年代开始的摧毁作家和艺术家创作信心的最有效的办法就是"不断地教"作家和艺术家怎么创作。

你翻开当代文学史，你就可以看到一大串因为不断"受教育"而失语、失去水准的作家和艺术家的名单。

7

我们仍然活在不知后果的历史进程之中，这自然是令人恼怒的，但是更应该思考的是，即使看上去最为偶然的不幸背后，常常也有着根源性的必然，无论如何细致地防范与警惕也都难以消弭层出不穷的灾难，因为灾难其实就是恶之树上必定要结下的果实。

8

哈扎拉尔说：即使是最清醒的人，在这样的时代也时常会陷入悲观之中，首先你面对的是绵延不绝的历史，你惧怕的不仅有"历史决定论"，而且还有生命的有限性、孤绝无援的无力感，就任何个人而言，仿佛永远走在一个走不出的隧道中。

9

仅仅思考灾难，而不思考导致灾难的体制、观念和人性在邪恶的制度体系之中的不断恶化，显然这是一种思维的惰性。这样的观点大概来自哈耶克的智慧。

10

哈扎拉尔也曾感叹过：从来没有一个国家在一个互联网时代能够把特定的信息删除得如此干净，没有一个国家能够把谎言与恐惧如此成功地转化成无数人内在的"习惯"，没有一个国家能够如此巧妙而动人心魄地激活了人性之恶，使之成为一种"制度可以信赖的力量"。"在灾难和未知的结局之间，我们因为对未知的结局的恐惧，总是更习惯于接受灾难，并把灾难误认为是一种常态。"

11

哈扎拉尔其实是个寓言作家，他并没有专门要对某一个具体存在的制度或国家说话，他是个"凭空"发言的人。

12

从某种意义上也可以说，我们既是特定文化的产物，又是特定文化的维护者，甚至还要承认，正是因为"我们"，这个"特定的文化"才成了这个样子。

像一页遗忘之书（2）

1

哈扎拉尔说：所有思想的基点都不是"你所生活的样子"，而只能是你"应该和可能生活的样子"。因此，最值得辨明的事实是，从本质而言，思考是一回事，变革又是另一回事，在某些国家变革的前提是不存在的，用中国俗语可以说，这叫"与虎谋皮"。

2

渐进渐变的思想表现出了温和的耐心，但却是可疑的，因为你最终总是会发现，你唯一能够选择的就是坚忍与妥协，就是茫然无助的等待。如果信赖自己的观察与判断力，你会发现，"情况仍然在恶化"，"残酷与变本加厉仍是体制的基本特征"，哈扎拉尔时常感慨"耐心的等待与彻底的绝望其实是个同义词"。

3

你可以信任很多人身上美好的品格，但这样的"美好"也具有迷惑性，因为这些所谓的"美好""修补和改善了现实的邪恶，因而使邪恶反而得以长久地保存下来"，这样，大多数人更容易生活在"情况正在改善"的等待之中，幻觉成了一种现实。

4

很多人轻易对自己身处的时代贴上"礼崩乐坏"的评语，我恰恰不这样看，我倒是更愿意把这个时代看作是真正的大觉醒时代，所有的伪装、谎言、邪恶尽数在我们面前被撕碎，其实任何的伪饰已经起不了太大的作用，只要你肯动自己的脑筋，你不生活在"期待受骗"的惯性中，你就能用一点一点的觉醒获得生命的新的理路。

5

当然，逐渐清醒和摆脱对利益的贪欲并非一回事，权力体制最后所凭借的除了恐惧之外，更多的是使它"所需要的人"成为各种利益的享用者，并以此获取更有效的控制力。因此也可以说，所有赞美这样制度体系的人，不是现实的贪腐者就是潜在的贪腐者，以及各种非分的利益的享用人。

6

哈扎拉尔说，你必须用一种"后社会主义"或"特权社会主义"的方式，来审视由思想控制逐渐转变为贪欲控制的社会特征。人性变得更为复杂，人的面貌变得更具多面性，你也不能简单地说哪一面就是假的，倒是这样不同的"面"时常构成一种奇怪的分裂或撕裂感，让这个社会变得更为世俗也更为荒诞。

当然，哈扎拉尔所说的"社会主义"，与哈耶克所用的"社会主义"是一个概念。

7

哈扎拉尔说：即使你决绝地想到对现存的制度体系不抱任何幻想，对所有的根本性的变革不存丝毫希望，你仍是一个"存在者"，你目睹、经历，对自己的生命做着"内在的、诗意的革命"，你也可以成为"享乐的人"，自然万物的风花雪月，未死的灵魂的喜怒哀乐，人间世的低徊辗转，你可以卓然地参与一切。"我畏惧死亡，我要使生命更柔和而有力地展开。"

8

夜深了，我仍坐在桌前陷入"无心的沉思"，平和的情绪恰切地配合着且读且问。

"为了维持自身，我首先要信赖自己"，时常，我的一天就成了这样的无用之用。

9

时不时会睡个懒觉，有种很幸福的"逸出去"的感觉。在被权力忘记的边缘，我可以在自己栖身的"空洞"中继续漫游。不过由于缺乏免疫系统和参与的热情，我愈发对体制的所有活动恐惧有加了。

10

写下一些字的一天。

继续着。自己已经很迟钝的身体就想着眼前的事物。

像一页遗忘之书（3）

1

看到网络上有一篇文章说，台湾前领导人关在看守所关傻了，一笑。这些年来国人到了国外，也常发现老外特别"傻"，这个"傻"是另外的话题，哈扎拉尔曾云："一般生活在宰制社会的人，往往会觉得化外之人特别傻，这种看法也是对的，因为唯有生活在被宰制状态之中，就是要透出一丝呼吸，谋取星星点点的利益，都需费尽心力，于是他们的脑袋也就会变得越来越聪明，大体就是'机关算尽'那类。这也是一种进化，不过它是朝着相反的方向而已。"

2

我常常想当我和教师们分享教育心得时，我们所期待得到的回应不应该是"你讲得很精彩，但是……"，而"也许"应该是"虽然教育极其艰难，但是……"前一个"但是"之后是继续返回沉默与对生活无条件的顺从，后一个"但是"之后，则可能是直面生存处境的不屈服。

3

我常想，其实"心灵的分割"，仍然是我们存在之痛。如果生活中真正构成对心灵劫持的折磨、灾难、创伤、痛苦和暴行，我们却只能三缄其口，谎言与恐惧就会彻底统治了我们的心灵。"强力"就仍然可以肆无忌惮地拆散生命的整体。不断的"重临"，似乎也使思想的暴力变得不动声色却更加"常态化"。在失语和坚忍的背后，我们能够以什么作为自我肯定呢？

4

我们仍生活在将自由与权利刻意遗忘的世界之中。仍要像"虫子一样爬行"，仍要像"蝉一样唱着自足而无聊的歌"，这是哈扎拉尔描述的两种生存状态。

5

活命哲学的重要逻辑就是"活着"其实是一种"被活的状态"，是一种配给制的生存维持，听话、顺从、克制、忠诚是基本的生存之道，不断滋生"受害者"认命般的自怨自艾与愤懑妒恨，则是其惯常的自残方式。活命哲学往往是暴力和强权哑忍的合谋。

6

被歪曲、掩藏和改写的"真相"无法成为历史的一部分，同样也无法成为生命获得再生的精神资源，某种意义上也可以说，这就是悲剧不断重演的原因所在。人类的善良也表现在每次面对灾难总是以为如此愚蠢和残暴的不幸，实出"偶然"，它理应不会有第二次，然而，几乎不可避免的是，所有的不幸都不可能只有一次。哈扎拉尔说："嗜血性才是暴力唯一的根本形态，要不然暴力如何称得上暴力？"

7

哪怕你是在叙述自己亲历的任何事件，"记忆"也从来不是单纯和未经任何加工的。我们需要自审一下自己的"叙事"，我们隐瞒了什么，改写和修饰了什么——任何事件都是需要阐释的，问题是我们基于怎样的意识这样阐释。

8

我常常想的是，我处处面对的都是"教育"昂起的那颗丑陋的脑袋，很多时候你真不知道自己是否还能够把"教育"称为"教育"。复杂的世界也因此被简化为某种蛮力、指标和持续惰性。

9

哈扎拉尔说，简化的目的是为了掌握这个世界，但是它是以鄙陋和缺少智慧为特征的。同时你还可以相信，智慧本来就是一个稀缺的词汇。

10

时常我也有另外一种担心，其实不是担心，而可能就是一个普遍的事实：无论盲目的认同，还是尖锐的批判，我们都失却了对世界本身的敬畏、耐心，也可能同时失却了一种智慧——从庸常甚至屈辱的生活中活出诗意、超越和高贵的可能性。我常常想我们这一代从饥馑和恐惧中长大的人，没有弹性和开放度的心灵，其实注定是偏执、容易充满怒气和怨气的，生命免不了要淹没在各种噪音之中。

11

就创造力而言，我不得不承认，我们这一代人大体就是用来"浪费"的。

12

昨晚与杜十八坐车先到他的家，他门口的鼓西路正在大修，杜十八特别告诉我，"这些长了几十年的树马上就要或移走或砍掉，要是树有树权多好啊！"我说连人都没人权，哪来的树权。杜十八说以后路就是光秃秃的了，真不知他们搞什么！其实我们都明白他们搞什么，不是"好画最新最美的图画"吗？只不过少了点脑子，又多了点得到授权的蛮力。

　　"所谓故国者非有乔木之谓也"。读到这样的句子，想必杜十八也会心有戚戚焉。

像一页遗忘之书（4）

1

我也到了喜欢不断重读某些自己心仪的作品的年龄，现在的重读与年轻时的不同之处在于，现在的重读往往是因为对"新知的敏感与好奇心"已十分明显地减弱了，倒像是在"旧书"里更能找到自己的趣味和安慰所在。

2

我仍然会强烈地为书籍在自己日常生活中的缺席感到羞愧，这是一种自然而然的感情。想起来，只能说书籍就是我们赖以为生的最好的食粮，我们的知性生活和对世界的想象力大都来自书籍所带来的启迪。

3

当然在我们这样的年代，书籍也会帮助我们认识流氓到底是什么样貌。这是今天上午我在读某位已经过世的但名字受到污秽和蔑视的政治家谈话录时最大的感受。

4

显而易见，阅读也会帮助我们提升对写作的热情，"在自己的生命长河中留下一点墨迹"，另一方面，对写作的某种期许，总是会大大地促进我们对阅读的需求。哈扎拉尔也曾说过："没有先哲在场，我们总是会变得更加低能。"

5

今天我由阅读还想到一个有趣的事，一个人年轻的时候，再古怪也是好理解的，而一旦上了年纪，你要理解他的古怪就难了。"古怪只会愈加古怪"。因为很多人生的秘密实际上都隐藏在古怪中了。

6

说到这里，我又想起我的老师曾评点一个文学评论界的成功人士，说他"隐藏了生命中最大的秘密"，这个秘密是什么呢？哈，你既是"先锋评论家"，又是"黄袍加身"的高官、要人，学界、官界的好处一样不少，你又怎么去面对文学与自己的生命存在呢？

7

当然，这也是"苛责"了。有时需要有人举手，绝大多数人还是要"不由自主"地举手的，可能"情势所迫"吧，也可能这就是你的命，怯弱与贪婪是连在一起的。

像一页遗忘之书（5）

1

今天早上刷牙的时候，脑海里又浮出那个颇为迷惑我的问题，就是，大概，我多多少少有勇气说出自己是个"诗人"，"诗人"不需要被任命，甚至也不需被认同。你说你是诗人，你就是了。你也完全不必通过任何一级作协的检测系统，你可以乐得自己有一个自我命名的"诗人"称号。

2

我有时候也会比较"不负责任"地在自己的简介上，写上"教育学者"，福州的一位"德高望重"的先生就曾发问过，"学者算什么职称呢？"哎，真让人不好意思啊。既然不是职称，又有往自己脸上贴金的意思，以后还是不要这样写了。

3

以后书上的简介应该是：张文质，诗人，一个教育的研究者。这样就不会有什么疑义了。

其实，我在 2004 年出版《保卫童年》时，就有过类似的自我介绍：张文质，热爱诗歌，研究教育，兴趣广泛的"业余者"。2006 年出版《幻想之眼》时，又有"生命化教育的倡导者和实践者"这样的表达。想必也更"可靠"点。

4

我到底说的是什么意思呢？这些天在重读布罗茨基的《文明的孩子》，中央编译出版社出版的刘文飞翻译的集子。今天上午我读到这样的句子："如果说流亡有什么好处的话，那便是它能给人谦卑。还可以更进一步，称流亡为教授谦卑这一美德的最后一课。这堂课对于一位作家来说尤其珍贵，因为它将作家放在一个更为深邃的透视图中。"

5

当然，我并不在于"流亡状态"，更多的时候，我以身介入的是"不认同状态"，有时也像佩索阿说的"我是不动的旅行者"，或者我是在"旅行中失去自己的人"。我犯难的常常是，我对谁忠诚，我应当承担的责任到底又是为了谁？没有人和我辩论这样的问题。

始终摇摆、迷惑，始终要不断回到问题的原点——我不把它看作折磨，也不把它看作是某种不堪的境遇——也许它就是一种境遇，布罗茨基把它拔高了一点："这就是我们对于自由世界的价值：这就是我们的功效。"

6

这些天，诗人王性初先生从美国回来，当年他"嫁"到了美国，也嫁到一种失语的状态。"英语的世界我无法进入，广东话的世界我也无法进入。早些年还可以和在美国的姑妈说说福州话，现在姑妈也死了。"

性初兄大概每年要回中国两个月左右。有一次，那时福州还有三轮车，我们一起坐三轮车从旗汛口到安泰楼，他对我说，那才是他要的生活。

这几天，因为他的缘故，我们不断重温了一些福州话，我上大学之后就不大讲、不大听到的"最土、最粗"、原汁原味的语言。大概我们都是这没落语言的最后一代传人了。

像一页遗忘之书（6）

1

很多时候我遗忘了那些荒诞，并不是我要刻意这样做，而是荒诞几乎就是所有的生存境遇，我们以自己的肉身参加着这样的生活，我们的抵抗力量是那样微弱，在大多数情况下来不及发声甚至没有勇气发声，就已经被拖入黑暗之中了。我说的黑暗并不是一种隐喻，而是那些仍然苟活的心灵对于自己存在状态的描述。我自然知道，所有的屈辱都有悠长的回声。

2

哈扎拉尔说：你有时候会发现自己活得很不耐烦，这也是对的，这是受够屈辱后的精神反射力。常常就会冒出"你到底还要怎么样呢"这样的疑问。这样的疑问其实也是针对自己的——那些政治生活的荒诞性已经暴露无遗，然而，并不奇怪的却是，我们似乎已经找到了既说服自己又以适应这样荒诞为最大欢乐的生存方式，我把这样的方式也看作是一种历史的必然性。在这点上，我把自己放置在残酷的存在决定论上。

3

阅读帮助我有可能获得某种启明，但更大的麻烦却可能是，阅读是对生活的一种分裂，你开拓了生活的边界，却使得自己更难容忍精神的逼仄，从公共生活中某种程度的退却势在必然，说得更乐观些，你甚至把这样的退却也当作了自己的荣耀。当然，不管怎么说，这个事实本身并没有什么可称道的，比如，像我这样的人，更多的是依赖语言而生活的，我那点可怜的想象力须臾都离不开对阅读的依赖，我现在仍不断地强化着这样的体验，很多时候撕裂状态又是与心灵所获得的抚慰关联在一起的。

4

布罗茨基说脆弱性是所有生物的首要特征，我发现几乎所有的极权者都擅长于利用这种"脆弱性"使之成为一种控制术。任何人即使能够使自己"变得"坚强一点，也同样改变不了肉体的脆弱性。所有的生物都是"难养的"，却都极易于消灭。

哈，我写完这个句子，居然也把自己吓一跳。这是夸大之词，也可以说我把自己逗乐了。

5

很多时候，在一种错觉中，真的会以为自己很聪明，类似于有孙悟空在如来佛手掌上撒尿的那种自得。这真是一个用来自我调侃自我嘲弄的隐喻。

像一页遗忘之书（7）

1

我常常想我的故乡就"在"那儿，却比我返回老家时所看到的一切更像是我的故乡。我很少会去辨认它的样子、气味和声音，我对故乡的确认当然与现在仍生活在那里的父母有关，也与现在仍在那里的老房子有关，同时我知道，所谓的故乡其实多少已经虚幻了，它像水一样荡漾，像风一样只是把某些影像飘浮在空气中。

2

巨大的变迁，带来你意想不到的各种结果，也带来你对各种结果最终的接受。这就是事实本身，你被动地置入各种新风景，有时是热情地迎迓这样的变化。但是始终有一个你根本无能为力的图像深藏在你的生命之中，这就是故乡的记忆，以及基于记忆不断地对故乡的追认与补充，它永远在那儿，你却再也走不到。

3

哈扎拉尔曾说：故乡从某种意义上说，总是意味着返回与丧失。同时更为重要的提醒则是，返回与丧失并不是分隔开的两个动作，而是返回即丧失，在丧失中也有没有止息的返回。

4

我甚至已经懒于去询问所有的变化是谁带来的和怎么到来的。变化是无可争辩的事实，带有非如此不可、说不出原由的关于这块土地的宿命。我这样说自然不是出于恐惧或任何的沮丧，我更多地把它看作是一种认命，从我的时代、个人所有的遭遇，从情势如此的巨大重力中，我能体贴到的一切，想必大多数人都能体贴到。

5

不过我绝不会得过且过地说，这就是一种幸福，而这样的幸福是由那些幸福的缔造者所赐予的。更多的时候，我也会漠然地受困于各种日常事务，而忘记了对自己生活的疑问，但是，也总有一些时刻，我会记得自己生活的空气，自己和无数人的生活中各种各样的耻辱——无论你是否意识到，你都在经受。

6

今天再说我与生活其间的城市的疏离感没有任何意思，我已经不经意间熟悉了这个城市几乎所有的街道，当然新开辟出来或不知为什么改了名的不算，就连我的面貌也越来越成为这个城市的一部分，即使在睡梦中我也丧失了对"他域"的向往。不过，问题不在这里，当同样令我无限失落的是闽侯县，我籍贯所在地，准确地说，我生于福州所辖的闽侯县上街公社（现在叫镇）厚美大队（现在叫村），历史上当然先有闽县和侯官县（后来它们合成闽侯县），然后才有福州城，而现在这个县即将成为福州的一个区。有一天，当我说自己是闽侯人时，想必，会有人纠正或补充道：哦，福州人。

7

说这些干什么呢？不知我的朋友杜十八会不会打趣一句："连这样的事情，你也这么在乎？"不过他不会这样说，特别是最近他老是生病，"头痛，骨头痛"。那天他告诉我只有有经验的人才知道，"头痛，骨头痛"并不是一回事。而我则以自己的经验告诉他，感冒时如果伴着骨头痛一定是受寒了，拔拔火罐想必会有些帮助。像他这样夜作日伏的人，身上的湿气肯定太重了。

8

杜十八虽然籍贯的源头可以确认与山东有关，但他生于福州，是我朋友中为数不多土生土长的"城里人"，据说，他父亲是个失意的"南下干部"，杜十八所受的童年教育一定很矛盾很奇怪。哈，我这些文字可不想展览杜十八的身世，打住吧，也好玩，我怎么这么喜欢写到杜十八呢，不小心又拐到他那儿了。

9

当然我也要为这样的"拐"找一些理由——不得不承认无论我们生活在哪里，对自己的城或居住地总是知之甚少。包括杜十八和我在一起时，我们也很难得会说起福州的沿革和掌故之类，就连我们偶尔说的福州话也越来越不连贯与流畅了。要说丧失，肯定也是由来已久。

10

以上这些文字，都是我在机场候机以及在飞机上时随手写下的。我不知道今天为什么要谈论这些。

我总是信马由缰，不断地偏离主题。可能只有这样，我才能继续写下去。

像一页遗忘之书（8）

1

今天写给朋友的一句话，他询问是否有必要认识真相，我说：活着要努力做个明白人，要不到死都跟魔鬼一个屋。

2

今天还想到另一句话，从 2008 年滑向 2009 年，我明白时间本身并没有什么名堂：世道如此，有些年份就特别可恶。

3

大体是《格林童话》中说，一个国王希望再看到女儿时，她已经长大了，问大臣们有何妙计。一位大臣就把公主藏起来，直到她"长大"时再给国王看。这个故事隐晦地表达的是对成长的焦虑。我今天对时间的思考却是你根本不可能躲到时间背后去。你感觉到，熬过第一代，第二代，第三代，第四代，但是，无限绵延的是一个方阵，你会死在终于熬不过去的时候。

4

有一件事让我深感遗憾，就是我这一两年听过的课往往记不住了。记人的名字也开始出现这样的情况。遗忘的速度似乎在加速。

5

因此，在我的写作中总是有一个"时间"的主题。不是与"时间赛跑"，而是"说吧，记忆"。还有就是"记下来以免遗忘"或是"就是为了遗忘"。

6

随着年龄的增长，写作常常会丧失细腻和耐心，而热衷于讲道理、诲人不倦。这简直有点要命。我知道自己已经有这样的麻烦。

像一页遗忘之书（9）

1

当我落笔时总是有意识地控制自己用力的方式，写作不是情感的宣泄与放任，而是某种"理解力和批判力"的内在化，我试图能够按照事物本来的样子去透视这一事物，而不是以自己的情绪加以夸大与扭曲。我不能不说，我并不能完全做到这一点，因为当我长到多少可以批判这段历史的年龄，我发现所谓的理性，往往也是生命受损害和体验各种痛苦所结出的果实，我们已经无法辨析清楚自己的理解力中，哪些是个人的敌意，哪些又是事物本来的特点，我们是那样的矛盾、混乱，又是那样因为各种撕裂和无谓的耗损，生命已经变得暧昧不清。

2

今天我谈论教育就是把生命放置于各种难堪和矛盾之中，我们对教育的根本问题完全不能作大的判断，不是对生命自身的不负责任，而是我们首先要把噤声作为肉体存活下去的前提条件，谁忘记或逾越了这一点，谁便要大难临头。这是活命哲学的不二法门。哈扎拉尔说，谁以身犯险，谁就值得我们敬佩，不过坏消息总是接踵而至。

3

我可以简单地说，对我而言，所谓的成熟就是痛苦不断地增加而已。谁足够痛苦，谁也便足够成熟，做一个诗人就是和母语一起受难，并把痛苦的体验作为一种自我救赎，在延绵的爱恨交加中重新辨认一两个属于自己的词汇，不是创造，而是寻求安慰。

4

2009 年 9 月 5 日的夜晚，在从杭州飞往青岛的飞机上，我看到了明媚的月亮，不知怎的，我想起的是阿赫玛托娃和她的诗句，是她的《安魂曲》。我已经读过多少遍了？我没有试图背下那些句子，每一次都是初读，每一次都可以重新校对一下自己的语调。

判　决

又是石头般沉重的誓言，
落到我一丝余息尚存的胸前，
不要紧，因为我早有所准备，
我能对付不管是谁的杀手锏。

今天，我有许多事情要办：
我要连根杀死我的记忆，
我要把心儿变成石头，
我要重新学会生存——

不然，夏季热浪的沙沙声，
在我窗外会与节庆时相仿，
我早就预感到了：
日子明朗朗，房间空荡荡。

"她之所以继续写诗，是因为诗律在吸收着死亡，是因为她为自己的幸存而感到负疚。"这是布罗茨基对她的一句评价。

5

刚才我说到谈论教育就是把生命放置于各种难堪和矛盾之中，这样的表达也可以看作一种修辞方式。事实是你无论是否谈论教育，你置身其中的都是各种难堪与矛盾。最轻松的说法，就是这是没有办法的事情，谁也不必每天都愁苦得喘不过气来。

我们需要宽容自己，活得不好一定事出有因，如果活得不错，也不要特别负疚，用于享受生活的时间已经非常短促。

6

有时是在漫长地候机，有时则是在某一个旅馆，陷入讲过课后的疲倦，而明天可能又有一场等着。疲倦时人往往变得沮丧，为自己的工作感到十分的迷茫。不过，这样自我疏离自我修复的生活，也渐渐变得可以忍受，在旅途上你更能够想一些关于生命存在的话题，更真切地贴近孤独、记忆、想象和等待，总之，能听到自己的声音，嗫嚅之唇告诉自己的，也是你愿意听到的。

7

一般情况下，我愿意在踏上旅程时带上一本诗集，或一位诗人所写的作品，总之这是一种"轻"的艺术，生活之重，使你能够释怀的，常常是一种"轻"。你用心去辨析的是巧妙的语义，一两个逗号，一个比较古怪的语气词，等等，我们通过诗人慈祥的秘道，通过肯定免不了的误读，释放了生命中日积月累的晦暗，这是一种比较特殊的滋味。

8

当飞机扬起头朝上冲离地面的那一瞬间，往往有种说不出的快感，与诗很相似，既有淋漓尽致的喷射，又充满了危险。我很喜欢这个瞬间。我也是在语义中旅行的人。

有时候，写一首诗可能也是一件适当的事情。

你用身体接纳

你用身体接纳我，空虚
一直像硬石一样
词语消灭思想
爱变得无名
固执的人提前完成旅程

因为没有所向
离去者无法得到证实
天空中一根骨头
不是闪耀，而是标记

像一页遗忘之书（10）

1

在厦门鼓浪屿的轮渡上，有个中年男子一直盯着我看，我先是有些不安，也有些不快，不知怎么回应才好。生活中那些简单的事，我们经常也不知道怎么应对。按惯常的方式，我们很容易就会对陌生人，对身边从来未交往的人，也心生怨意或敌意。这些都是文化禁锢和仇恨教育产生的后果。

2

有个北方的大省，这个省极善于制造文化或经济话题，就是在教育领域也是卫星频发，令人目不暇接。今年我看到他们出台了文件，严格限定班生数。为此，我先是一喜，因为我到过那里的很多学校，知道班生数规模之大，教师负担之重，不过转念一想，又觉得在学校数量没有增加，班级数没有增加，教师数没有增加，教育投入没有增加的情况下，怎么可能"马上"就限制住了班级学生规模？有位这个省的老师告诉我：你不必为此担心，我们早就有了相应的措施，比如我所在的年级有八个班，每班70人，但我们上报的材料从来就不是这样的数字，我们还有四个"虚拟的班级"，不但有完整的课表、学生名册，还有班主任和各科老师，这样一平均每个班就只有46个学生了，等你到学校检查时，真实的班级和"虚拟的班级"一应俱全，你根本不知道这里面怎么回事的。由此可知，限制班级学生规模实际上是一件易行之举。

3

　　我又听到另一件也值得记录之事。现在很多大学和中专学校都在执行"教学常规"，就是教师无故迟到、无故不讲课都要按"教学事故"处置。有时会出现这样的情况，不知什么原因，上某次课时，学生一个也没到，也许"学生有不上课的自由"，但是教师却有"执行教学常规之责任"，于是令人惊奇的一幕便出现了，教师在规定的属于他上课的时间里，会对着空无一人的教室，耐心地滔滔不绝，直到下课铃响才作罢。

4

　　哈扎拉尔说，我们不能盲目崇信自由国家的政治智慧，其实只有宰制之国才有超凡的想象力和不可思议的戏剧性，因此就文学的发展而言，更大的创造空间也属于后者，因为我们生活本身就是超现实、荒诞和极富娱乐性的。如果你珍爱自己的时代，你就可能成为一个享乐主义者，这是不自由中的一种自由。

5

　　我仍然热衷于记录下这些细细碎碎，这是记忆的一部分，也构成了我们生命的一部分。一个人相信记忆的价值，大概他就死得慢一点。米兰·昆德拉也曾借他笔下人物之口说过："遗忘是死亡的症状之一"。另一方面，当我们记录这些"琐碎"时，我们就保持了与这些"琐碎"适当的距离，也许我们因此就有可能获得某种智慧，"极端的经历并不能打开通往智慧之路"，而是，距离、审视、理解力把我们带到了智慧殿堂的门口。

像一页遗忘之书（11）

1

据说深圳中心书城的单体建筑面积居全球书店之冠。不过 2009 年 9 月 26 日晚我来到书城时几乎没有时间多看一眼，先是比较快地吃过"简餐"——其实晚餐还是丰盛的，考虑到马上开始的讲演还是克制住了美食的诱惑，因为吃太多一定会影响到思维。讲座主题仍然是家庭教育，核心就是今天应该怎么理解儿童，怎么做父母。会场是在一个开放的空间，他们称之为"大台阶"，周围都是走动的人，我略略有些担忧，这之前已告诉组织者一定给我准备一个好话筒，她们让我放心，肯定是"最好的"。

2

我试了下话筒就知道，它仍然是我的"敌人"。我常想自己也许更适合和一小部分人交谈，放松、从容地说着话，我的声音大概也会变得好听一点，福州口音也许会"悄悄的"成为能够被人乐纳的个人特色。可惜，大部分情况下都不能做到这点。我特别讨厌自己声嘶力竭的讲座录音，"一个粗鲁的人正卖力地吆喝"。

3

24 日晚上在深圳外国语学校龙岗分校的演讲是另外一种情况：会场的中间前后两个大柱子，不知当时怎么设计的。当我顺着自己的习惯来回走动时，总有一部分人被柱子挡住了，也许"挡一下"没什么，但心理上总觉得不对，我就只好尽可能老实地站在中间说话了。

4

你很难想象"孩子的爸妈"会问些什么问题，比如"我孩子两岁九个月了，她不爱读书怎么办？""我孩子八岁了，他只爱读历史书，没有特长怎么办？""我的孩子电脑玩得很厉害，其他不感兴趣怎么办？"还有一个妈妈带着一个可爱的女孩来问问题，"我离婚了，你说对孩子有什么不好的影响"，说着就开始流眼泪。后来深圳学府中学一位老师评价我对这个问题的回应，"你简直把缺点变成了长处"，也许吧，家庭教育的重点难道不正是这样吗？

5

有时候会认识一两个让你吃惊的人。

比如深圳外国语学校龙岗分校的生活老师——夏老师，她说：我原来回老家都不好意思说自己是生活老师，现在我为自己的工作感到自豪，我认为培养学生的自理能力，就是培养孩子的人生智慧。我现在正开展"观心教育"，孩子洗衣服，不仅要把衣服洗干净，还可从中产生对母亲的感恩之心，从扫地中可以体会到做好一件小事的不易，把看过的书归还原位，从"物有定位"中可以体会对万物的恭敬之心。

另一位是成功的商人，学校的投资者。上海教科院的专家赞美他为教育作贡献。他说：我其实是为了自己，"我在修来世"。他对这所自己投资的学校是"三不主义者"，不安排任何自己的人，不过问学校的任何事务，不从学校"拿回"任何的钱。这样做已经七年了。他是个佛教徒，他谈到家庭教育，说人生最重要的是把孩子教育好，要不然你一百年的费心，孩子可以在一天之内就把它毁掉。

像一页遗忘之书（12）

1

"我对保罗·策兰的兴趣大概要高于对保罗·纽曼的兴趣十倍以上吧"，这是 2009 年 10 月 15 日上午我坐在晋江南苑酒店房间里，突然冒出来的一个念头。我这样想只是因为有趣地意识到这世界上书再多，思想再丰富，我们的胃口其实总是很小的，我们更习惯回到那些深深地嵌入我们心灵的"至爱亲朋"那里，这样的至爱者是很少的，极少的，有时好不容易增加一两个，但却很快又作出更苛刻的删除。我们几乎随时都可以想到从不让我们厌倦的人到底是谁。

这是一种单调的生活，显然它源于对"单调"有特别需求的心灵结构。出于同样的原因，对某些书的重读实际上也是不断开始的初读。这些书具备了梦所有的外形。

2

用保罗·纽曼与保罗·策兰作为比较，只是一种玩笑。我的写作常常使我发现自己越来越深地呈现出某种"风格化"的个人特征。我略作夸大地强调这一点，只是为了说明自己的无力状态，写作如同漫步，时常你就只能在熟悉的地方才觉得自己身心达到某种协调，某些姿态好像就只能那样，才像是你的姿态，另一方面，你也就根本难以避免自我复制，你总是在兜着自己的圈子，写作就是一种自恋，自我倾诉，一种大凡更多属于自己的编织能力。

我深为理解齐奥朗所说的，越是独特的写作，越容易为读者所打败，因为"独特"更具有可辨别性，更易于被人熟悉。当然我不敢妄称自己的文字有任何"独特性"，但我也免不了不断地用自己的方式去追求所谓的"独特"，这不断重复的"自己的方式"便成了某种标识，说起来很多的时候也令人烦腻。

3

从婴儿时期开始，我们就生活在不断重复之中，我们总是会特别喜爱某种与生俱来的重复，就是一些再小的游戏，也只有在不断的重复中才会乐趣倍增。由此我似乎窥见了一个秘密，一个关于创新变化为何如此之难的秘密。

我举着的也是自己习惯了的不断缩小的旗帜。

4

这样的书写是否有些趣味呢？我意识到诗歌在我手上已经有些变化，我不太那么刻意于任何的技巧与"意识形态"，我顺着写下来。

很多时候，是诗"访问"了我。

5

当代的高科技在对人的掌控上有很大的助益。昨天我上某个网站，受了它的吸引，阅读时间超过了某种"规定"，马上就被"发现"了。再也无法打开任何网页。这样的情况已在我的几台电脑上都发生过。但愿几天之后，它还能发善心，厌倦了"锁定"，能够"自动退出"。

其实巴客也时常提醒我：不要以为人家不知道，一切尽在掌握呢。

呵，算你狠！

6

年龄确实会增添人的智慧。不单是因为经历、见识的增加，就是年龄本身也有意义，比如，命运感一定是与年龄有关的。从某种意义上说，我也逐渐用更"放松"的心情看教育，不是改变或丧失原则、立场，而是有些状况确实就是无可奈何。比如我见到一个校长，她的学养与修养，我实在不想多说什么，但是你略作比较，就发现她还是她那个地区校长中较为优秀的一个，也可以说，"历史选择了她"，"历史还只能造就这样的校长"。说到我们的处境，大凡都是历史与现实的谋和。而今天，我们怎么又能有更好的选择呢？只能为现实所选择吧。

7

我常常这样说，讲家庭教育在最大的关节上是很难讲下去的。比如，你希望自己的孩子能够更"幸福"，这个"幸福"哪里是个人的事，一个家庭的事？幸福指的又是怎么回事，没有自由、尊重、尊严，有真正的幸福可言吗？那么你就只能抽象地讲，狭窄地讲，有时还会功利地讲。

又比如，今天讲教师的专业成长之类的话题，如果没有一个公正一点的平台，真正能够觉悟、自觉让自己更优异一点的，一定只是一些"小众"，他们往往会因此而更为痛苦。

8

我愿意自己不再为现实处境的改变而处心积虑。我时常想的就是今天自己这样的状况已经很好了。不比较，不抱怨，不自夸，无非就是认同自己所有的"历史境遇"，成为人生的小赞美者。

9

记录几句有趣或引人思考的话。

有人半夜给一位朋友发短信，说在晋江买了两件阿玛尼的 T 恤，深圳产的，很便宜，虽然类似于贴牌，但穿着很舒服，朋友大笑，他回了短信，讽刺诗人为如此微小的世俗快乐兴奋大半夜，我回的短信是：诗人总是为"微小"欢乐，为"重大"伤怀。

上次到深圳，告别时刘万讲君要拥抱我，我说我们就免了吧，刘君说道：不要紧的，其实我不当男人已经很久了。哈。

中学同学聚会时见到20多年不见的林铭明老师，当年他毕业于复旦大学哲学系，先是在杭州教书，后因为家境困难需要回家接济便回到老家中学，又娶了乡村女子为妻，自己也成了半个农民。直到80年代中期才调到市委党校。那天他说道：我教了大半辈子自己内心不相信的政治，到退休才算解脱，还好你们当年没读什么书，受的毒害还算少。

大学同学聚会时，见到我最为敬重的高建中老师，他说：我们知道谁走进我们的心灵，但不知道自己走进了谁的心灵。

10

作为一个教师大概最需要思考"我"走进谁的心灵这样的话题吧。到中年之后，随着人生阅历的丰富，观察材料的增多，以及各种阅读与自我的觉悟，我几乎变成了一个童年主义者。越来越看重一个人在成长的早期以及关键年龄与关键事件上所受的各种影响，人生往往是由童年所铸定。体制使整体社会对儿童成长的注意力都花在应试竞争和各种技能的培养上，实在也是别有用心，它的思路也仍然是牢牢地控制住人的心灵与社会的局面，所谓的幸福实在是很可疑的，所谓的强大更多的是造就具有巨大威慑作用的恐惧力。

11

儿童几乎总是从入学伊始，便要生活在谎言与恐惧之中，这实在是今天社会最大的罪恶之一。

12

临近学校和花朵
临近那些绝望的固执

只是有时看到雪

有时看到的是丧失听力的耳朵

那天我坐在教室里，孩子们先是不安或焦躁地不断回头看看听课的人，然后，上课的教师问他们今天有这么多的老师和客人听课，"你们是不是很高兴？"我便听到孩子们整齐而响亮的声音："高兴！"

13

在教育现场，无数的教育现场，我愿意记录下那些漂浮的尘埃。我的心便日益谦卑起来。

像一页遗忘之书（13）

1

有位朋友说从我的文字中读出了车旅的劳顿和心的疲倦，我则说这些无望的文字，现在已经变得平和。

常常有两个自己，工作状态中积极而温和的建设者；退回书桌前，低迥而决绝的反对的声音。

也许在两个自己中又可衍生出无数的自己，一中的杂多，杂多中的始终如一。

2

其实这样多好，心智的日渐成熟、宁静，无论面对如何的纷繁复杂，也努力守持与邪恶绝缘的底线，"不是他现在变得无力，而是他发现任何的争辩与说服再无意义，他只顾着自己一个人去面对"，哈扎拉尔就是这样评价他的朋友的，这样的句子，不单是一种修辞方式。对有些心灵而言，语言创造了生命的柔韧与宽阔。

3

有诗为记：

> 始终怀疑，始终如一
> 伫望秋天，气温一度一度下降
> 树木更新，土地变得清洁

白昼无法说的话语

留给黑暗，仿佛水滴

渗入死亡的边缘

你说的死并不复杂

一开始我就相信，相信

一只手掌盖住另一只

我的手掌宽厚、柔软

已经很久没有做过力气活

现在你看看掌纹

看看皮肤下丰富的血色

你会喜欢你所经历，当躺入

黑暗，身体没有背叛

一直到最后的沉默

4

　　我告诉杜十八，我试图能够尽可能用更轻一点的笔触，从各种各样的尘埃上划过，我不再是一个发现者，而只是目睹与记录。大概这样就是我所说的，"我愿意"的主要内涵。

5

　　生活的敌人常常就是从心底发出来的无法抑制的厌烦，无法克制对愚蠢和宰制的厌恶，也很明白，任何过于强烈的情感也都可能包含着对暴力的喜好。

6

当你开始一首诗的写作

不要随便停下手艺

奔突的思绪，你要持续倾听

每个瞬间，都有人给你命名

这是昨晚上临睡前想到的一笔。一首诗时常在不同的时间写成你意想不到的"另一首"。有时当我开始自己的"手艺"，我总希望不打断它"内在的气息"，因为这些文字的完成，我会特别感激自己的居家生活，"要是刚才外出，也许就没有这些章节了"，这样的念想一直在我的脑海里响着。

7

2009年10月25日我在江苏南通的二甲中学为参加语文教学研讨会的老师们作课堂评点，对于一个语文教师的专业素养，我最为在意的是什么呢？

首先，一定是，我始终认定的是教师的文学阅读，一个没有丰富文字阅读的语文教师还能算是语文教师吗？这是我现场听课最常发出的疑问。一个不热爱阅读的教师几乎是不可能把孩子带入梦想与希望的。一个不热爱阅读的人，几乎也意味着他毫无"神奇性"，也很难有清洁的面容。课堂既是文学的呈现，又是生命自然的流淌，你所读所思所悟，总是涵泳其中，只有丰沛淋漓，才可能气韵生动。

其次，我要说到写作，出口成章，下笔成文。不单是所谓的"下水文"，这更多地会落到技术与任务层面上，而且是持续的，长期不断的写作的习惯。其实不仅是阅读帮助我们培植与提升文字辨别力、鉴赏力，写作更是"敏感之源"，写作是语文教师最好的老师。

再说下去，可能就是所有教师的"职业共性"，比如，课堂的经验、智慧、表现力等等，我先暂且停下笔。

另一个话题，比如，教师的职业态度、价值观等等，也暂且不谈，说起来那是所有公民都会面对的问题，只是教师的责任要大得多。

像一页遗忘之书（14）

1

我把语文教师的读写看作是职业的本分与前提，实质上也是我的一厢情愿，当然我现在是站着说话不腰疼，要是连"一厢情愿"的趣味都没有了，那也实在是成了彻底的投降主义者。讲教育确实是难的，难在于我们没有常识，无法实行常识。前些年一位朋友执掌某文艺出版社，制作了很多名著的"缩写本"，就是找些人，主要是中文系的研究生做"删繁就简"的工作，专门卖给中学生，我直言他是"谋财害命"，这位社长大人反驳我：读一些总比不读好，你以为那么多名著学生有空读啊，我这样做总比读答案好吧。游刃君所说的学生只读答案不读原著，读原著反而考不好的情况，恰恰说明现实总是比我们想象的更要堕落得多，那位精明的出版社社长看来为恶之处还比不上教育体制。

2

我的朋友彼得宋从加国回到福州，已"摇身"成了"华侨"，他到我办公室喝茶，然后我又邀请他及杜十八一起吃饭。我一直对他强调一点：我们不谈政治。这些年我尤其害怕和回中国探亲、定居的"新华侨"或在国外呆很久的人谈论什么，我常说我们还是谈些风月吧。因为我总是很惭愧地发现，我这些朋友一旦成了"华侨"，有了某富国的国籍马上就变得比我等"爱国得多"，对中国现实的认识也比我理智得多，他们最常说的是："其实你不知道，美国、英国这些西方国家"，总之，我所有的愤怒、批判，都是一种幼稚，哈，也许真的只有拿了老美、老加、老澳等等国家的绿卡或护照之后，我们才能成熟一点，理性一点，也更加地爱国一些。这真是有趣的问题。

3

前些天和杜十八不无惆怅地说《明日教育论坛》快要办了10年了，到了明年我们是否也要写篇"《明日教育论坛》10年祭"。这个祭当然不是10年之后的悼念，而是眼看着要有的"当下之祭"，至少从2009年的出版状况而言，情况不大妙。按原计划到年底本来要出到第54辑，而到现在才完成47辑，负责最后经手的编辑说，今年出到50辑都不可能了，至于今后的情况，"领导既不想放弃，又拿不定主意"。这些年《明日教育论坛》一直是不"安全"的，早些年"领导"常说我们把它停了吧，我说那好啊，你说停就停。我并不是消极，一年一年刊物还是认真地做，但能否做下去决定权完全不在我，我是"被动的主动"，慢慢地就有了把每一期都当作最后一期来做的意思。

4

华东师范大学出版社大夏书系要办《教师月刊》前多次征求我对办刊物的意见，"你说，能不能办？"我都只是笑笑，大概疲惫也使我变得有点狡猾。我编刊物这么多年，自我体会是，不是能不能办，而是办刊物太难了，内心最大的渴望无非始终如一的是，早点退休，早点滚蛋。只要不开会，出门不用请假，不写年终总结，不继续承担诸如此类的责任，生活得"像杜十八似的"，那就是功德圆满了。

5

我并没有退出自己责任的意思，只不过我希望这些责任是我自找的，我为这些自找的责任而折腾自己。

我可能也说得过头了一些，我现在所忙乎的大都还是我自找的责任。

只不过，多年充满"恐惧与威慑"的体制教育，常常使我对每一次的"会议"都心生畏惧。只希望自己能逃得更远一些，更快一些，更彻底一些。

6

到了秋天，坐在办公室其实满有一种"享福"的味道，我说的是空气，温度。我每天都会比较神经质地关心一下气温是不是还在下降。我在 10 月末出生，生命中本然地喜爱秋天的一切，性情也日益秋日化。

下午正和姚春杰君探讨"办一所温润的学校"这样的话题。这些话语当然更适合在秋天谈论。

7

下午还与姚春杰君谈及另一个话题，国内有很多人在讲生命教育，其实大家的关键词是不一样的，每一个人的关键词总是会站在自己这一边，既是站在自己的理念这一边，大概也是站在自己的性情这一边。要反对体制的大词，你用同样的大词肯定反对不了，因为大词具有一种内在的同构性，只有小词才能消解大词，置大词于滑稽、荒诞、面目可憎之状态中，我们谈论的不是谁是胜利者，而是大地可能会因此变得温润一些。

8

我一直就是"小词"、"低语"、"晦暗"、"艰涩"的爱好者。

9

我愿意自己是停停走走，散漫，自得逸趣的人。

水上的花束

从水上逸出的花束
我们把它称为大地之骨

因其柔韧，一心一意地
圆融，无论何时
天空的影子都能映现
深邃，使人惊慌

在它之下，你听暮鼓声
催促着你的心跳
离去者就是渡水的人
所有的抵达都隔着细沙
一层又一层的阴影
我们站在另一边

像一页遗忘之书（15）

1

　　暑期里中学同学聚会，很多同学都说自己是个书呆，对不起当年老师的教诲。我们福州人说的"书呆"不是指"只会读书，书读傻了，不会做别的"这些意思，而指的是"不会读书，是个呆子"。当时参加高考，全班30个同学只有我一个人上了大学，后来又有三位同学考上，比例还是相当低的，于是过了几十年大家还是一片愧疚。那天我是活动的主持人，最后对此说了一些自己的看法，我说我们和自己的老师那一代人一样，都是深受时代命运摆布的人，上小学没多久，不是批林批孔，复课闹革命，就是白卷英雄，反击"左倾"翻案风，还有没完没了的劳动教育，大体是从小学三年级开始到初中毕业都没有正常的读书，到了高中，恢复高考之后，大多同学课业都已荒废，如何还能"继上前学"？所谓的"呆"，个人能承担的责任实在要多作些分析，加上当年高考录取率奇低，能挣扎出来的人更是少之又少。但是，我们的体制从根本上而言，它总是对的，不让你读书是对的，让你读书也是对的，绝不会有反省与道歉，更不会有任何对于命运中人的补过，于是时代的不幸就巧妙地转化成了个人责任。你看不是有人可以考上大学吗，你考不上就是你自己的问题吧。其实，这种状况今天也仍在延续，从孩子上学第一天开始，很可能就要进入这样一个自责自咎的系统，所有的不如意、失败、落后，都只可能是自己的错。很多时候，别人的成功反而进一步映衬了自己的失败，于是失败几乎也就只能是个人之罪。

2

这是一个麻烦的话题。今天我们谈论很多问题，都会把自己卷入历史与现实多重的纠葛中。在大多数情况下要想透过历史和现实复杂的屏障去看清某个问题，确实不是一件容易的事。就是看清楚了历史的真相，我们还是只能独自背负着很多重责，这是一种普遍的宿命。说到底，生命的永逝状态和它的有限性，也注定了生命的悲剧意味。所有的生命也都在时间的缝隙之中，承受着各种命运的因缘际会。

3

今天特别要像佩索阿那样写一个给自己看的句子。今天是个失败的一天，这样的失败其实更多地来自各种各样的羞愧，我好像就举着这样的旗子，以便能够确证生命在今天的存在。

4

诗，经常也是戏言，下笔时既不知它由何而来，也不知它如何而去。只是就这样下笔了。

有诗为证：

> 当心变得虚无
> 所有的东奔西突还有
> 什么意义
>
> 每棵树曾经都是
> 漂流者
> 它说话时，你一定
> 要站在跟前
> 才能听得仔细

它的脚

消失在空气中

是你见过

又遗忘的

一个兄弟

现在你看到的是

大地的面容

一个回家的人

5

生命之重，转化成了言语之轻。

假日写下的一些文字（1）

1

首先这就是一个假期，这样想，会使自己放松很多。我和亲近的朋友说 2009 年我好像迷失了方向。这样说多好玩，仿佛原来我一直在某个"方向"上似的。这些年我吃的是"教育饭"，因此总是与责任和愤怒过于亲密地关联在一起，连自己也以为教育就是属于我的一块比较适合的"墓地"——一个人生于此，死于此，哈，就这么简单。昨天晚上临睡时，我还在想，一代人学什么、怎么学大概也不要紧吧，因为"学什么、怎么学"就意味着他一定有相应的生活和相应的时代，你不想得那么"深入"，就会发现一代人又一代的人都是得过且过，几十年来一回头，一切都成了"财富"，当然有时一切也都忘记了，给人感觉就像没生活过一样。什么叫好与不好？它常常更容易被转化成"活着与否"这样更有血肉性的问题，怎么说呢，于是我们总是祝福好好活着吧，我还把自己主编的一套书也命名为"活着就是幸福"。毕竟生于这块土地上，最不容易也最为简便的就是还活着。

2

我说"这就是一个假期"，我想的无非是我实在没什么可庆祝的。你要庆祝就庆祝好了，我只想着所谓的"一己之私"。最近自己家的楼上楼下都有人在装修房子，我们中国人装修房子总是首先与房子有仇，非拆些什么不可，非让所有人一起"庆祝"不可。真让人郁闷啊。

放假这些天最好的就是家里终于安静了。却好像也读不进什么书。说今年迷失方向，其实主要在阅读上。我读什么呢？好像热情又回到诗歌上来了。前几天在深圳中心书城买的也是树才编译的《法国九人诗选》，这几天去哪儿都带着，还加上一本 2009 年第五期的《世界文学》。这期《世界文学》上有一篇好玩的小说，阿尔巴尼亚作家伊·卡达莱的作品，《梦幻宫殿》。说的是奥斯曼帝国的执政苏丹创办了一个专门主管睡眠和梦幻的机构——"塔比尔－萨拉伊"，也被称为"梦幻宫殿"，从全国征集各种梦进行归类、筛选、解析、审查与处理，一旦发现任何对君主统治构成威胁的"梦"，马上采取彻底的镇压。小说发表于 1981 年，一出版即被列为禁书，打入冷宫，那时阿尔巴尼亚还处于思维尔·霍查的时代，一切可想而知。

这一期《世界文学》上还有王家新、芮虎译的保罗·策兰的诗，一口气就是 23 首。挑一首一起读一读。

在埃及

你应对异乡女人的眼睛说：那是水。

你应该知道水里的事，在异乡人眼里寻找。

你应从水里召唤她们：露丝！诺埃米！米瑞安！

你应装扮她们，当你和异乡人躺在一起。

你应对露丝、米瑞安和诺埃米说话：

看哪，我和她睡觉！

你应以最美的东西装扮依偎着你的异乡女人。

你应用露丝、米瑞安和诺埃米的悲哀来装扮她。

你应对异乡人说：

看哪，我和她们睡过觉！

我自己写的诗是《短章三首》，我的话语加入了时间的浅酌低唱。

短章三首

生　日

为什么我们用刻印记下

一些时间，不是憎恨

不是血已经染过的土地

罂粟花若更美一分

它便加入了流泪和庆典

曾经，我也看见自己的影子

停在木质桌子上

为了爱，而燃烧起来

烧焦的耐心

那不存在的河岸

是沙子所筑

有无数泡沫

相爱的手牵着黑暗

艰涩面孔，出现在我窗前

意欲何求，我的妹妹

意欲何求，谁知道我的词

你，烧焦以后拿出来看的心

广场上的一根针

我不会爱你宰制的色彩

这么大的广场，放置一根针

声音能传多远

一根针在我身体中

你是否能够忍受，彻夜的叫喊

呵，绝望之爱

盲的河流

3

10 月 2 号参加中学的同学会，30 年的第一次聚会。当时一个班 30 人，去世了一位，有两位在外地的没来，还有一位在本地的联系不上，总之，来得这么齐还是让人惊讶。

有位女同学带来了她读五年级的女儿，聪明的小家伙，我告诉她还是要读童话，一定要从童话读起，一定要知道青蛙是怎么变回小王子的，知道睡美人睡着的时候，城堡里还有谁也睡着了。知道了这些，世界才更好玩啊。

过后才想到，我已经老得不知道应该怎么与小孩交谈了。于是还是说一些"想当然"的话，孩子若不爱听，就少说点。

4

乡下的院子也挺大，坐在院子里看月亮便有些得意，就给几位朋友发短信：坐在乡下的院子里看自己家的月亮。

这一年回家的次数少了很多，有时妈妈会打电话来，问我什么时候回去。坐在院子里，妹妹复述了妈妈五年前对邻居说的话，谈的是老人怎样才会更受孩子的欢迎。

一是千万不要太唠叨；二是一定要讲卫生；三是最好能烧几道好菜；四是经济上还能帮衬孩子一点点。

我的妹夫有次感慨："妈妈小时候要是能读上书，会成为什么样的人呢？"

5

那天在某一所学校听初二的老师给孩子上《历史与社会》中的一节"计划生育"课。

老师罗列无数的"计划生育"的好处：人口下降了，生活水平提高了，寿命延长了，国家更有财力了，更强大了，等等。

我问前面的小孩：你能不能说说人口多的好处？女孩子瞪大眼睛非常吃惊地看着我："人口多没有好处。"我说："按比例，日本、韩国人口多吗？台湾、香港人口多吗？大陆人口多的又是哪些地区？北京、上海、江苏、广东等等。我们应该怎么看这些问题？"女孩子疑惑地直摇头。

我说，有一天当印度人口超过中国成为世界第一的时候，他们一定会举行一次大规模的庆祝活动。

后来我又和全班学生聊了几分钟。我说我只是希望你们想想答案可能不止一个，重要的不是答案，而是我们对问题的思考。

可是，对教科书和考试而言，我是"越界"了。

6

看了夏坤的某一篇小文章，出于好奇也去翻阅他链接的网页，夏坤让我有点生气，他和那些人争论太没有意义了。

你太想说服人、教育人了。有时你碰到的就是白痴。我只知道最好还是相信时间，只有时间才能带走一些垃圾和腐臭。与其想着改变世界，倒不如想着让自己变得更清洁一些。

7

利　器

带上身体，为了安抚疼痛的眼睛
你不说话，也不沉默
做个漂流者，穿过证据
在桥的南方，无数漩涡
作了时间的标记

总是向南，向着更南
逃出幻影组成的领土
钟爱柔韧、透明
向它亲善的嘴唇
献上火焰之舌

假日写下的一些文字（2）

1

时常我爱着那些爱情。人的心是否比身体还要老得慢？比如一些人，比如一些爱着的人。

有一次宋琳对我说，我的衰老已经停止了，现在只有容颜还在衰老，心永远停在爱情发生的那一刻。

我的朋友中有无数喜欢"自身戏剧性"的人，无论什么时候他们总是有一种因为自恋而散发出来的智慧和快乐。

2

也许从某种意义上可以这样说，最好的教育就是做持续的"偏斜运动"，不断地从旧有的体质、格局、习惯中"偏斜出来一点点"，既是"美好的增添"又是"邪恶与鄙陋的一点一滴的减少"，同时又不会有太强烈的断裂之痛。相信时间、相信每一个人的努力，相信渐进渐变才是必由之路，也可能是教育唯一的正道。心灵获得觉醒的人们，看到了教育的方向所在，同时也看到自己是自"旧人而新人"的生命蜕变过程，明白教育之变何其难哉，不图终其功于一役，而是努力在生命自身以及与所有的生命相遇中，坚持着"偏斜"一点点，把自己就看作是无数的希望中一分子。

3

有时把某些隐痛转化成了"诗意"，生命中有一条宽阔而不断泛起绝望的河流，渡过之后是低矮的丘陵和连绵的湖泊。

4

我们失去了记忆吗？

暑假里是大学同学入学 30 周年的聚会，而中秋节前则是中学同学毕业 30 周年后相见，任何时候见到一位 30 年来未见却曾是朝夕相处的人，喜悦之情可想而知。

可是，还有多少同学能够耐心地保存着彼此的记忆呢？细节，无数的细节早就灰飞烟灭，我们见到的还是同一个人吗？我们曾共同在某个瞬间停留过吗？

也许，必须学会遗忘，这样我们才能好过些。

一位我始终对她怀着对待大姐一样真挚情感的同学，前年从秘鲁回国，我特地到上海看望她。她很失落地告诉我：那些"过去"我已经遗忘，现在听你讲述，仿佛是另一个人的故事，你是在帮我重新获得一种"生活"，因为失去记忆，生命的一些意义也就随之而失去了。

你同样可以想见我的失望。在毫无互动的对记忆的复述中，我也渐渐地把自己的讲述看成是一种想象。

哈，说一件好玩的事情吧，暑期大学同学聚会一同夜游黄浦江，一位现在已任某省教育厅要职的同学，突然问我："你还记得那年军训时，我到学校对面的冷饮店买一块冰砖，带回宿舍我们一人分一半的事吗？"我笑着对他说：你就记得你以前对我好的地方，你记得你得肺结核时我怎么关心、帮助你吗？

5

岳父 80 多岁了，是老家村里比较早走出大山的人。上个世纪 50 年代就入了党，大概比现在的领导人都早吧。当然，他不会这样想问题，这是我去看望他，逗他的。最近他正张罗着为村里修路、建祠堂，让他感到遗憾的是，村里这么多年只出过一个"科级以上的干部"，说起来可以挂在墙上的人真是太少了。

在读王尔德在狱中写的书简《自深深处》，美妙至极的文字，因为隔绝已远，也有一种古意，很适合在安静的地方，我轻声读给你听。

先读几句吧：

生活里，每一种人际关系都要找着某种相处之道。与你的相处之道是，要么全听你的要么全不理你，毫无选择余地。出于对你深挚的如果说是错爱了的感情，出于对你禀性上的缺点深切的怜悯，出于我那有口皆碑的好心肠和凯尔特人的懒散，出于一种艺术气质上对粗鲁的言语行为的反感，出于我当时对任何事物都能逆来顺受的性格特征，出于我不喜欢看到生活因为在我看来是不屑一顾的小事（我眼里真正所看的是另外一些事）而变得苦涩不堪的脾气——出于这种种看似简单的理由，我事事全听你的。自然而然地，你的要求、你对我的操控和逼迫，就越来越蛮横了。你最卑鄙的动机、最下作的欲望、最平庸的喜怒哀乐，在你看来成了法律，别人的生活总要任其摆布，如有必要就得二话不说地作出牺牲。知道大吵大闹一番你就能得逞，那么无所不用其极地动粗撒野，就是很自然的事了，我毫不怀疑你这么做几乎是无意识的。最终你不知道自己急急所向的是什么目标，或者心目中到底有什么目的。在尽情利用了我的天赋、我的意志力、我的钱财之后，贪得无厌的心蒙住了你的眼睛，竟要占据我的整个生活。你得逞了。在我整个生命最为关键也最具悲剧性的那个时刻，正是我要采取那可悲的步骤开始那可笑的行动之前，一边有你父亲在我俱乐部留下一些明信片恶语中伤我，另一边有你用同样令人恶心的信攻击我。在让你带着到警察局，可笑地去申请拘捕令将你父亲逮捕的那天早晨，我收到的那封信，是你所写的最恶毒的一封，而且是出于最可耻的理由。对你们两人，我不知如何是好。判断力不见了，代之而来的是恐惧。老实说，在你们的夹攻下，我欲逃无路，盲目地跌跌撞撞，如一条牛被拉向屠宰场。我对自己心理的估计大错特错了。我总以为小事上对你迁就没什么，大事临头时我会重拾意志力，理所当然地重归主宰地位。情形并非这样。大事临头时我的意志力全垮了。生活中说真的是分不出大事小事的。凡事大小轻重都一样。主要是由于最初的无动于衷，让那凡事听你的习惯很没有理性地成了我性格的一部分。不知不觉地，这成了我禀性的模式，成了一种永久的、致命的心态。这就是为什么佩特会在他的散文集第一版那言辞微妙的跋中说道："失败就在于形成习惯。"当他说这话时，牛津的那些死脑筋们还以为，这话不过是故意将亚里士多德有些乏味的《伦理学》文字颠倒过来说罢了。可是话中隐含了一条绝妙的、可怕的真理。我允许你榨取我的性格力量，而对我来说，习惯的形成到头来不止是失败，而是身败名裂。你在道德伦理上对我的破坏更甚于在艺术上。

7

我所有的文字无一例外地都具有一种倾诉性，这不是为了"证明"而进行的写作，这是从低处持续冒出的水泡。我经常想到的是写出一两个字是不困难的，困难仅在于要把对荒谬、犹豫和各种困难的应对变成一种日常的审视与记录，变成伴随着生命带到所有角落的工作。生活无法为思想作出保障，思想也无法替心灵说话。有时那些高傲的头颅同样要屈服于低俗的日复一日的现实处境，没有谁能告诉我这样的日子到底有什么意义，我的意义也许同样在于要为"极端的现实"负有责任。望不到边的在广场上不断举起的"标准形象"把我们的视线转向一派狂欢的幻象之中，似乎你只有参与其中才有幸福可言，要不然，你也不免会恐惧地意识到，在你具体的生命视野中，你确实是个"异己者"，一个被排除的人，你就再也不要指望任何的荣誉和身份。你终于可以自觉同时理所当然地只能把自己还给了自己，尽管任何觉醒和自我确认总是不断被延迟的。

哈扎拉尔曾有一句精妙的话语："那些被强力和恐惧格式化过的大脑，就是要挣脱自己本不在乎的任何'荣誉'，都充满了各种困难。因为你已经养成了不断去'获得'的习惯，最后不仅荣誉宰制着你，对任何利益与获得无法自扼的欲求，同样要了你的命。"

在我的大脑中总是不断折腾着各种词、句子、明暗和韵律，这些"抵抗的声音"，这些消极生活中一丝甜蜜，我想说的不就是像早起的蜜蜂从我眼前掠起时，短暂的、几乎无法辨别的"嗡嗡"之声吗？

九 月

九月，星空曾布满
我的头颅
绝望之花也不断加入
我站在深夜
为一个词
灵魂死去了一半

不证自明的深井
歌谣也是清凉的低音
可以洗涤时间积垢
以及在夜里
不停行走的小兽

谁能知道你钻过
哪些树木
通过你
在黑暗中
靠近的眼
有些恐惧一直映现

假装自己会写作（1）

　　这样的命题显然不是为了让自己变得矫情起来，著名经济学家哈耶克的诺贝尔奖的获奖演说的题目是"假装有知识"，我当然有比附之意，不过比附的不是思想与成就，而仅仅是一个作文的标题。我的这篇文章就从这里开始。昨晚上 11 点多，我给杜十八挂个电话，我问他睡觉了没有，这是多么可笑的问题。杜十八先是吱吱呜呜的，仿佛从很沉的某个睡乡转过来，说的却是自己的肩周炎复发了，"我就在想它肯定是要复发的，我们的肩、腰、手臂、眼睛，还有大概是脑子都用得太多了。这是要还的。比如到了我们这个年龄，眼睛肯定是要老花的，如果不老花不是成了妖怪吗？"我时常会为他谈论自己的疼痛、疾病时的那种"客观态度"感到惊讶，有时在文字中我写到希望自己"活得像杜十八那样"，我肯定是没有把病痛放进去的。我揶揄他把疾病变成了习惯，他笑着说真期望能够变成另一个人重新活过，一个没有病痛的人。挂完电话我想到，一个没有病痛的人大体是无法体会疼痛的，同情也好，安慰也好，对痛自然无补，对心灵也许会有些慰藉，不过，我又想到，当我下一次见到他时，那时他大概不痛了，我们可能也不再谈论到彼此的身体问题。

　　有些问题却总是在那里的。

　　也许就是因为和杜十八通电话时悟到了什么。我们总是很愿意假装自己——有时宁愿是另外一个人。有时，我们仿佛从生活中获得了一种奇怪的，往往只属于一个人的启示，我们寻找到了某种力量，为此又变得有点心安理得了。

　　有时我写下的是这样的句子：

诗是记录，诗是无言，诗是想象，诗是沉默之路的慰藉。诗是等待者逸出的生命的气泡，诗把结束作为开始。

这是怎样的工作，如此短暂而艰难的字迹。

看着自己写在本子上的字，竟自爱它的笨拙，始终如一的未成年、无心机，东鳞西爪，东拉西扯。

在北方突遇寒冷。在出发之前已知要降温的，可是一个南方人总是只能想象某种寒冷，总是轻视了北方的冷酷。

在一所小学的操场上对着800多位的学生父母讲家庭教育，讲着讲着突然意识到所有的思想都抵御不了在太阳下山后，从地底下和天空中同时夹击的严寒。赶忙收场吧。

在"剧场"上再精彩的课堂对我的吸引力，实在比不了我对笨拙和自然的课堂的喜爱。

照实说，我当然也欣赏那些名师的各种才能，不过对此我同样怀有深深的戒心。

富有表现力的教师总免不了自恋、自大与专断，富有表现力的教师总免不了把课堂首先看作自己的表演场，富有表现力的教师总是会比较用心于自己表演的才艺。

在一个"剧场"中听课，听课者也是"剧情"的一部分，如何打动听课者一定是表演者最用力的所在。

经常，我是一个听课者，这也是一个可笑同时给别人造成压力的工作。我真希望自己能隐匿在教室的某一处，或者变成一个老小孩，一边上课，一边东看看、西看看。

当然这些天，我无论飘忽于何处，我总是沉溺于诗歌之中。教育离诗最近，教育就是诗的一部分。不是我的诗直接写的就是教育，而是教育总是引诱出某种诗意，不管最后呈现的是什么。

尘埃天使

如何吁请，向着深处
无法自明的贪欲
夜夜折磨
一只蚂蚁，也在听，在看
灵肉之桥
获救之路在一个字迹里

怎样的字迹
缠成乱麻
有人说
不读者，总有不义之相
罪责像是另一种乡愁
现在，这些无关的碎屑
压住我的睡眠

尘埃天使，即使
没有折断翅膀
也不应允，飞的更远

斜　坡

不可收拾的斜坡
只为了我从此退缩
注视星光的人
也不停地看着手上的花束

心如何找寻对应物
太多人，声音淹没耳朵

绞杀者，带走了童年

现在，他再不须费力

他把影子繁殖成

一个王国

接着我愿意说些轻松的事情。

从上海两个机场飞往福州的航班候机地点，都无例外地设在离入口处最远的一层，而且一定要通过摆渡车才能登上飞机。这样的安排想起来比较奇怪，其中的内情你当然不得而知，就像一位出版社的资深领导告诉我，他历年参加全国书展，福建展团的位置从来都是安排在离厕所最近的地方，似乎是为了方便喝多功夫茶常常内急的福建人。我们当然也能解读出其中被边缘化之类的含义，不过也可以不这么想，比如坐在拥挤、嘈杂的候机厅里，我时常会想到那个遥远的早就不在人世的佩索阿。佩索阿是用不着赶飞机的，他一生几乎没离开过里斯本，他是不动的旅行者，是旅行者就是旅行者本身的"倡导者"，总之，他是把世界放在心中而仅仅把自己放在里斯本的人。美国人托马斯·弗里德曼说"世界已经变平"了，其中有一功劳来自波音飞机，所谓的距离远近也变成了一个相对的概念，像是你去趟北京只要两三个小时，可能去一次自己城市的郊区要用上六七个小时的时间。看上去速度使生活变得便捷，速度也改变了人与人之间的交往，改变了工作的很多状态，其实，另一方面，越是便捷，一个人越是会为时间、速度所控制，成为效率和任务的奴隶。

我说要"说些轻松的事情"，其实我已经不大可能像杜十八那样自由地信马由缰，既是生活限制了我，也是才情、趣味使之然。好像我是围着教育、诗歌和旅途打转的，一个人最大的麻烦就是你真不能"活成另一个人"。

上周到了福建仙游的一所乡村学校，这所学校我一直这样去着，已经10年了。无非听课、评课、讲座、对话与闲聊，有一次我甚至还给小学生上了节作文课，这是最具挑战性的事情。到乡村学校，你更多地会有一种做教育义工的自觉，能做多少算多少吧。10年时间我一直对这所学校的校长说一件事，重复着对学校前后三任校长说一件事，"一定要把学校厕所先改造一下，尤其是会场边上的小厕所"，这次又是老生常谈。有位老师对我说：你对学校批评最多的就是厕所，真不知道是否有效果。我在想，毕竟一年只来一两次，一次只来一两天，教师和孩子们可是一年 200 天呆在学校里啊。

教育使心变得细细碎碎。处"江湖之远"也才能使心有所归依。

在郑州讲"父母之道"时，有位老师问我：作为父母何时才能把孩子"放下"呢？我的回答是，也许只能等到自己死吧，死了便是了，此爱绵绵无绝期。

做教育工作，也是"亦师亦母"、"亦师亦父"，大概你也难以仅仅把职业只作为一件事。当教师之难就在于这是一件不断自我添加责任的工作。

假装自己会写作（2）

所谓的写作对我而言就是教育与诗歌，就是散逸的心与思想的疼痛。不落笔的生活是落寞的，而写作既使你有所得又时时陷入不从容。这样的不从容不单是我最终总是无法从文字之中获取自信，就是生活仿佛也成了写作的素材，我活着，所有日子细细碎碎地织入某些章节和片断。

我总是不免说到教育，这也是我的志业所在。心所在之处，即痛苦与悲愤的家。荒唐的事情总是我们仍然会这样问询："为什么这件事，糟糕透了，还是会这样做？"其实问题已经不在于我们的观察与发现，也不在于我们的思考是否透彻，而是我们必须培植自己的宽厚与坚忍来接纳不变与缓慢，来理解变化总是可能的，但它不会以你所期待的方式。有时会转念一想，若干年之后，我们这些人真正已成了孤魂野鬼，未来的人大概也会为我们的消失松一口气吧。

这样的思路，我把它看作是一种积极的态度，我信赖"进化论"与全球化，我信赖技术革命，我们的生活借助这些信念和外力，所淤积的黑暗多多少少有所稀释，最后我们自己也是要被稀释的。对于未来，我们既是桥也是障碍，而对于我们自己，活在自己生命的时空中，就是目的本身。

下面先抄录以色列诗人耶胡达·阿米亥的一个诗段，咏诵一番：

> 我未曾去过的地方，我未曾去过，
> 也永远不会再去，我从不享有永恒的光年和暗年，
> 但黑暗是我的黑暗，光明和我的时间
> 也属于我自己。海滩上的沙子——那数不尽的颗粒，
> 还是我在阿赫齐夫和该萨利亚做爱时的沙子。

我已将生命的岁月打碎成小时，小时打碎成分秒，

分秒打碎成更细的碎片。这些，所有这些，

都成为我头上的星辰，

难以计数。

耶胡达·阿米亥的诗给我一种爱的启迪。句子触动句子，词点燃词，我写下自己的《远处的门》。

远处的门

不知从何落笔，

一笔一划，朝着晚景，

爱过的人眷恋旧时间，

付出多少，才能得到庇护？

无论男女，

惊慌失措者——

怎样控制噪音

一直走到水里，

看着沉入水中的沙

用手轻抚水的双唇

要爱，也如歌谣

清澈仿佛来自阴间——

留住一束花为了一次疼痛

划水的人，只有你凝视着

远处看不见的门

终究，只有爱值得深思

称赞你的耳朵

你的牙齿，趁阳光还在

你的羊圈，一片雪白

你看，你不知身体

如何发力

思维吐露的，也曾是属于

身体的清芬

要爱，就是证实自己的想象

能被证实的

终究虚无

最完整的夜，

谁缝制了一针又一针？

在冬天，我爱上拔火罐

这下子真的天寒了。

这半个多月从夏天到冬天，从冬天又回到夏天，然后真的进入冬天了。福州的冬天总是阴冷。气温不低，同样寒气逼人。

每年遇到这样阴冷的天气，总是有点意外。

不过回到具体的现实，我又变得没有太多写作的情绪了。当然，对新教育部长不会去作任何的议论，对所谓的中学校长实名推荐制也茫然无知。很多时候，教育是用来心痛的。

昨天在杜十八的博客上看到马休的诗，"秋天是用来生病的"，也比较好玩。上周末在深圳就在与感冒顽强斗争，又是干蒸又是拔火罐，猛喝水，回到厦门去漳州时，身体仿佛全然康复，没想到坐五个小时的大巴回福州又不行了。哈，又是喝水，拔火罐，"在冬天，我爱上拔火罐"。

医生说：你身体里湿气太重。

医生说：你总是坐太久。

医生说：你要运动要出汗。

雨　滴

雨滴在南方渐多
再温润的眼睛看着
漫天寒气
也变得苦涩

继续走吧，直到失散为止
直到你变成一个鬼

你听的声音

来自
灰烬或可以承受的
死亡的韵律
我听夜晚说，忘记我
砖石下的麦粒说
让我呼吸
冬天的嘴唇没有错过
对天空的宣告
我们聚拢，沙一样的
旅行者

想到一笔一划，互为慰藉
手掌中握着的沙子
最细心的耳朵，才能听
这里或那里，去爱
自己的命

像佩索阿一样写下今天的生活

今天早上起床略早了些，走到屋外，看到阳光已经很明媚了。冬天的太阳总是让人有些怜惜，一边走一边想着佩索阿叔叔，他是典型的"我"的作家，我看到、听到、闻到、想到，我经历、我沉潜，几乎每个句子都闪烁"我"的色泽。"我"的作家即使有些自恋，但肯定比较孤寂与愁苦。一个人专注于聆听自己，"聆听"变成了一种命运。同时与其说这是一种命运，不如说在自我聆听中，人生所有的机遇都转化为心灵的自搏，各种欲求与精神逃逸的互搏。

只能靠想象描摹佩索阿的长相。他肯定长得不太好，干瘦，无光泽，吃得不好，穿着也好不到哪里去，在我想象中他的日子过得要比卡夫卡差多了，据卡夫卡的好友马克思·勃罗德说，生活中的卡夫卡还是很明亮温和的，文字是另一回事。佩索阿则是身剑合一的人，那些细细碎碎的文字，就是他生命的写照，至少可以看作他的一种自我描摹，我们能够顺着这些文字爬上他的窗台，看看他的每一天："我小心地抄写，埋头于账本，在平衡上测出一家公司昏沉沉的无效历史，与此同时，在同样的关注下，我的思想循着想象之舟的航线，穿越了从不曾存在的异国风景。""我希望能够远走，逃离我的所知，逃离我的所有，逃离我的所爱。我想要出发，不是去飘渺幻境中的西印度，不是去远离其他大陆的巨大海岛，我只是去任何地方，不论是村庄或者荒原，只要不是在这里就行。"佩索阿说出了自己的关键之词，"只要不是在这里就行"，于是他的生活自然就成了对"囚境"状态的反复观察，以及对不可能的逃脱不停歇的向往。

今天我走过自己家门口的广场，然后拐到五四路上，我愿意一直走在阳光底下，我也愿意在这样的一条喧嚣、混乱的街上，迎面与佩索阿叔叔相遇，我忍不住想听听他对"今天"这样的生活到底又有什么样的感想。

上午去找领导，加深了一个对身体细节的印象。我发现凡是对领导有任何诉求，当我一开口，他都会条件反射似的坐姿往后退一下，拉开和我更大一点的距离，哪怕这距离实际上并没有拉开，我至少感觉到了他的用意。然后，领导仿佛从很远很高处看着我，不说话，不回应，我自然变得有点结巴起来。所谓的诉求，其实并不是关于我个人的利益和什么私心，但我毕竟仍负责着一个刊物，有五个同事和我一起工作，而他们的某些状况，说白了，是受到不太恰当的待遇，为此我除了一直很愧疚外，还发现自己陷于一个难堪的困局之中。我可以在个人自我担待上做得彻底一点，但是涉及为同事争利益时几乎束手难以对，因为这就是体制，有时再小的问题，都需要你拿出"决死的勇气"。而实际上，却没有多少空间可以死，有时也为了某种留有回旋余地的考虑，而需要使用一些智慧，但这样的智慧其实都包含着屈辱。

我的一位后来做到教育局长的朋友在 20 年前就"教诲"我：与其被人管，不如管别人，这话还是他当教师时说的，我不知他管别人后又有什么新的发现。但我仍然想着，我宁愿被人管，宁愿屈辱，宁愿人微言轻，也仍愿意活在现在的状态，说得硬气一点，就是继续在边缘中去直视各种复杂与危险，在不自由中继续渴望自由。

推而广之，你自然明白，即使再小的某种"状况"其实都是我们熟悉的"自己的生活"，没例外是正常的，偶有例外倒是叫人比较惊讶。选择继续身处边缘，也许只是为了多少可以活干净些，也能够让心灵有更多一点腾挪的空地。这是生命另一种无可奈何的灰色。

有时我发现自己走在无数的"自己"之中，是个陌生人。我不怀疑这一点，也是因为所谓的改善实际上并不是真正的改善，而是你改了一副心境，一双眼睛。当你到了 40 岁，某种强权对生命的劫持就已大功告成，我们开始向后退缩，就是退到对活着热爱上，把曾经的憎恨、怒气、激情转化成了坚忍的耐心，像遵从季节的律令般，蒙受差不多已知的命运。

我记下了一天中的一个小细节，以及由这个细节旁逸而出的几句感慨，佩索阿说，艺术不是对生活的否定吗，有些文字恰是在写下之后，成了对生活的破坏，那些做着白日梦的人也在梦里换了一种自爱的方式。